我们一起解决问题

COMPLIANCE AUDIT

普华审计实务
工具书系列

合规审计
[实务指南]

PRACTICE GUIDE

唐鹏展◎著

人民邮电出版社
北 京

图书在版编目（CIP）数据

合规审计实务指南 / 唐鹏展著. -- 北京 ：人民邮
电出版社，2022.11
（普华审计实务工具书系列）
ISBN 978-7-115-60139-1

Ⅰ．①合… Ⅱ．①唐… Ⅲ．①审计－指南 Ⅳ．
①F239-62

中国版本图书馆CIP数据核字(2022)第180194号

内 容 提 要

在企业的日常管理中，违法违规行为防不胜防。违法违规行为的发生不仅会影响企业的正常
运营，甚至会给企业造成严重的经济损失。因此，合规审计的重要性日益凸显。合规审计涉及企
业经营的方方面面，审计人员不仅需要熟悉国家相关法律法规和企业的各项制度，还需要利用好
可用的审计技巧和外部资源。

本书由具有十多年审计实务经验的一线审计专家倾情打造，书中在阐述合规审计相关概念的
基础上，详细地介绍了合规审计证据的收集与分析、法规关注领域合规审计、经营重点环节合规
审计、重点人员合规审计、合规审计沟通、审计报告的编制及汇报等方面的知识。作者不仅以深
入浅出的方式介绍了合规审计的思路与实操方法，还提供了在工作实践中梳理总结的大量的制度、
流程、表单和模板等，可以帮助读者快速掌握合规审计实战技巧，提升合规审计技能。

本书适合企业内审人员、会计师事务所审计人员、企业风险管理人员、企业财务人员、企业
舞弊调查相关人员、企业人力资源从业人员阅读和使用。

◆ 著 唐鹏展
责任编辑 贾淑艳
责任印制 彭志环
◆ 人民邮电出版社出版发行　　　　北京市丰台区成寿寺路 11 号
邮编 100164　　电子邮件 315@ptpress.com.cn
网址 https://www.ptpress.com.cn
北京虎彩文化传播有限公司印刷
◆ 开本：787×1092　1/16
印张：16.5　　　　　　　　　　　　　2022 年 11 月第 1 版
字数：250 千字　　　　　　　　　2024 年 12 月北京第 8 次印刷

定　价：89.00 元
读者服务热线：（010）81055656　印装质量热线：（010）81055316
反盗版热线：（010）81055315
广告经营许可证：京东市监广登字 20170147 号

推荐序

"木受绳则直，金就砺则利。"大到国家，小到个人，都要"以规矩为方圆"，尤其是在企业经营管理中，只有做到人人讲合规、处处显合规，才能将各种隐患消灭在萌芽状态中，铸就企业成功的基石。

本书从合规的三层含义入手，阐述了国家法律法规层面的"外部合规"，企业制度层面的"内部合规"，以及员工职业操守和道德规范方面的"道德合规"。从对合规含义到对合规体系的诠释，明确了合规体系是自上而下贯穿企业全部机构、人员、流程的架构，指明了构建现代化企业合规体系是对传统公司治理体系的继承与修正。本书对合规体系的讲解非常系统，就像一棵大树，业务是树叶，合规管理是树枝，制度是树干，合规文化是树根，只有根深蒂固，才能枝繁叶茂，绿树成荫。

合规审计是合规体系的重要一环。合规审计既属于企业内部控制范畴，也是企业合规体系的重要构成要素。合规审计的内容涵盖企业合规体系建立和运行的方方面面。合规以国家法律法规为"规"、以企业制度为"尺"、以个人道德规范为"镜"。本书结合当下企业内外部合规监管中的重点领域，分法规关注领域合规审计、经营重点环节合规审计、重点人员合规审计三个层面，归纳总结出了合规审计的方法和步骤，对合规审计实操具有重要指导意义。

第一步是定期审计合规政策和制度。企业的制度不是一成不变的，要在实践中不断修正与完善，更要根据国家法律法规的变化而不断完善与更新。

第二步是建立合规义务台账，明确企业各合规领域适用和遵守的国家法律法规。国家法律法规作为合规风险管理的纲领和保障，是企业必须遵守的底线。通过合规义务台账检查企业经营是否符合国家相关法律法规，这是外部合规审计。

第三步是梳理合规风险清单，明确企业自身风险。审计人员对企业制度的认识要上升到更高的层次，不能机械地执行制度，要理解制度制定的原因，要把制度当作保护企业合规运营的有力武器，而不能将其看作强迫员工去执行的各种条款，只有这样才能做到真正意义上的合规，从而从源头上杜绝违规业务的产生，这是内部合规审计。

第四步是在建立合规义务台账和合规风险清单的基础上，制定有针对性的合规审计方案，开展针对企业业务和管理流程的合规审计。良好的合规审计有助于企业提高品牌价值、避免合规风险、吸引更多优质客户，这就是合规创造的价值，也是对合规重要性最好的诠释。

"合规人人有责、合规创造价值、合规防控风险。"合规审计不仅体现在完善合规制度，加强业务合规管控环节，也要求建立强有力的合规文化。合规文化是企业内部所有员工主动遵守各项规章制度，自觉维护规则的根本。

现在合规管理越来越受到国家、企业和个人的重视，各项合规制度陆续出台，合规审计也在合规管理中发挥着重要的作用。但合规审计仍处在不断探索、完善的过程中，本书对此有着极其重要的借鉴意义。

北京工商大学原副校长、教授，博士生导师

财政部"会计名家"工程人选

中国审计学会常务理事

中国注册会计师协会编委会委员及职业道德准则委员

前　言

　　2021年3月，人力资源和社会保障部会同国家市场监督管理总局、国家统计局，向社会发布了18个新职业，其中有一个新职业是企业合规师；同年5月，国务院国资委相关负责人表示，中央企业已全部成立合规委员会。因此，企业合规管理已经上升到一个新的高度。

　　合规是企业可持续发展的基石，随着市场经济的不断完善、依法治国的不断深入，企业越来越多地关注其面临的合规风险。合规意味着企业遵守了适用的相关法律法规及监管规定，也遵守了自身制定的相关治理准则、制度、标准、合同契约和道德规范。企业如果违反上述要求，那么可能面临合规风险，从而遭受法律处罚、监管处理和经济与商誉的损失。

　　因此，将合规审计作为事前预防、事中管控、事后追责的有效手段对企业来说非常重要。合规审计涉及企业经营的方方面面，需要审计人员对国家相关法律法规、企业的各项制度了然于胸，因此对审计人员的要求是非常高的。由于合规审计受制于各种条件，可用的手段有限，因此利用好可用的审计技巧和外部资源非常重要。本书结合合规审计的重点，将审计方法、经验和资源进行整合，有助于企业降低合规风险。

　　本书第一章为合规审计概述，从合规的三层含义入手，结合合规管理的三个层次和三道防线，阐述了合规、合规管理、合规审计三者之间的关系，归纳介绍了合规审计程序，以及程序中关注的重点，可帮助读者理解合规审计的基本内容。

第二章为合规审计证据的收集与分析。合规审计以证据的效力为依据，以制度为准绳，收集、确认审计证据是整个审计工作的核心。本章围绕合规审计证据的效力和收集技巧进行了深入浅出的介绍，方便读者掌握取证的技巧和注意事项。

第三章为法规关注领域合规审计。从外部法规关注和监管的重点来看，合规审计需要关注的重点领域包括对外担保、反垄断、商业贿赂、知识产权、数据安全、关联交易等。本章就上述重点领域，通过合规义务清单归纳涉及的法律法规，通过风险清单总结主要风险及控制活动，通过合规审计方案剖析审计重点，方便读者掌握合规审计技巧。

第四章为经营重点环节合规审计。从外部法规关注的重点和企业发展的需要来看，合规审计需要关注的经营重点环节包括安全环保管理、合同管理、印章管理、财税等。这些环节的合规性极为重要，企业一旦违反相关法律法规，既要受到法律法规的严厉制裁，也会影响自身的发展。通过阅读本章，读者可以掌握这些重点环节合规审计的技巧。

第五章为重点人员合规审计。合规审计最终要落实到责任人，所以人员的合规至关重要。本章介绍的重点人员合规审计包括人力资源合规审计和人员离任审计。

第六章为合规审计沟通。本章分门别类地介绍了不同环节审计沟通的技巧，这些技巧不仅可以运用在合规审计中，还可以运用在日常的工作和生活中。

第七章为审计报告的编制及汇报。合规审计工作的成果主要反映在审计报告中，优秀的审计报告逻辑清楚、用词准确、简明扼要、实事求是、根因明确、建议恰当且可操作，可为决策提供参考，体现审计价值。本章内容深入浅出，可帮助读者掌握审计报告的编制及汇报技巧。

综上所述，笔者希望本书能帮助广大读者了解我国相关的合规法规、合规体系，熟练运用合规审计规范企业运营，为企业的合法合规发展提供保障。

唐鹏展

2022 年 5 月 1 日

目 录

第一章　合规审计概述

合规审计是企业守好合规经营底线的重要一环，相关人员不仅要适时关注经济形势、监管形势、同业形势，还要针对合规风险下功夫，依托内控做文章，坚持主动审计、事前审计，坚持合规监督与效果监督双向发力，从而达到审计监督识未病、治已病的目的，全面提升合规审计监督效能。

第一节
合规、合规管理与合规审计

一、合规

合规经营是企业经营必须遵守的底线，尤其是上市公司经营，更要接受社会的广泛监督。因此，合规审计非常重要，可以说合规审计是所有审计的基础。在谈合规审计前，我们首先要了解合规是什么。

合规有三层含义。

第一层含义是企业在经营过程中要遵守所在国家的法律法规及监管规定。从企业经营角度来说，这可以归纳为"外部合规"。这层合规是具有强制性的法律法规及监管规定所赋予的，因此具有强制性，一旦违反，企业将受到相应的处罚。

第二层含义是企业经营要遵守内部规章制度。从企业经营角度来说，这可以归纳为"内部合规"。这层合规是企业根据所在行业的要求，结合自身的经营特点，编制并遵守内部规章制度，是对相关方（客户、股东、监管方、企业内部员工等）

的自愿性承诺。

第三层含义是企业员工要有良好的职业操守和遵守道德规范，这可以归纳为"道德合规"。这些不是强制性的，但在社会活动中普遍为大众所认同。

二、合规管理

合规管理是指企业按照外部法律法规的要求统一制定并持续修订内部规范，监督内部规范的执行，以增强内部控制，对违法违规行为进行持续识别、监督、预警、防范、控制，以化解合规风险。因此，合规管理的实质是风险管理，需要统筹协调法律、风控、财务、审计、人力、安全生产、质量环保、经营管理等部门。企业开展合规管理以规章制度为抓手，以合规审核为重点，以依法治企为目标，旨在建立健全合规风险管理框架，实现对合规风险的有效识别和管理，促进全面风险管理体系建设，确保企业实现合规经营。

（一）合规管理的三个层次

第一层，合规管理要接受外部监管部门的指导，合规管理的目标要与监管部门的监管目标保持高度一致。具体来说，企业要建立并持续更新合规管理制度和合规手册，并推动其贯彻落实；规范企业规章制度，保证企业规章制度合法合规；确保企业决策会议议案、合同、重要经济活动等事项符合外部合规要求。

第二层，合规管理要从风险防控角度出发，以法律和企业规章制度作为行为准则，运用专业的合规审计方法和规范程序做好"事前预防、事中控制、事后追责"。具体来说，企业要通过合规审计等方式识别、分析、防范和应对合规风险，确保合规管理执行有效。

第三层，合规管理要做到全员参与、全环节跟踪、全过程覆盖。具体来说，企业要定期出具合规风险报告，通过组织合规培训、宣传等活动树立员工的合规理念，强化员工的合规意识，培育合规文化。

（二）合规管理的三道防线

合规管理依托于内控管理，是风险管理的一个重要组成部分，企业要建立起与风险管理三道防线相互配合的合规管理三道防线。

第一道防线是业务部门的合规审计，其职责是风险评估、风险治理、落地执行、自我改进。

第二道防线是合规部门的合规审计，其职责是明确责任、风险评估、制定标准、推进整改、完善体系、定期报告。

第三道防线是审计监督部门的合规审计，其职责是通过合规审计实施监督检查、违规追责。

三、合规审计

合规审计是审计机构和审计人员依据国家法律法规和财经制度，以及企事业单位内部各项规章制度，对被审计单位的生产经营管理活动及其有关资料是否合规所开展的一种经济监督活动。

合规审计是各类审计的基础和根本。因为合规是对各个经营主体在市场环境下经营的基本要求，所以合规审计可以作为单独的审计，也可以作为其他审计的基础和有机组成部分。合规审计可以由审计委员会、审计部门或管理层等发起。

合规审计的目的在于揭露和查处被审计单位的违法违规行为，促使其各项活动符合法律法规的监管要求，符合企业内部控制制度的要求。同时，合规审计成果也是企业合规管理体系持续改进的重要依据，合规审计质量对企业合规管理体系有效运行有重要的影响。企业合规审计体系管理、持续改进均应围绕合规审计成果进行，形成合规审计的体系闭环。

第二节
合规管理的相关法律法规及合规审计的重点领域

一、合规管理的相关法律法规

随着依法治国的推进，政府及有关部门对企业经营行为的监管力度不断加大，陆续出台了关于合规管理的制度。

（一）《中央企业合规管理指引（试行）》（国资发法规〔2018〕106号）

2018年11月2日，国务院国资委制定并发布了《中央企业合规管理指引（试行）》，开启了依法治企、全面合规的新时代。该文件从合规管理职责、合规管理重点、合规管理运行、合规管理保障四大方面指明了全面构建合规管理体系的方向；要求企业推动合规管理与法律风险防范、监察、审计、内控、风险管理等工作相统筹、相衔接，建立协调联动机制。例如，该文件规定了中央企业设立合规委员会，与企业法治建设领导小组或风险控制委员会等合署；规范了合规体系中董事会、监事会、经理层各自的合规管理职责；明确了合规管理重点；强化了违规问责，完善了违规行为处罚机制，明晰了违规责任范围，细化了惩处标准等。

（二）《企业境外经营合规管理指引》（发改外资〔2018〕1916号）

2018年12月26日，国家发展改革委、外交部、商务部、人民银行、国资委、外汇局、全国工商联印发了《企业境外经营合规管理指引》。该文件包括总则，合规管理要求，合规管理架构，合规管理制度，合规管理运行机制，合规风险识别、评估与处置，合规评审与改进，合规文化建设共八章，三十条。

（三）《关于加强中央企业内部控制体系建设与监督工作的实施意见》（国资发监督规〔2019〕101号）

2019年10月19日，国务院国资委发布了《关于加强中央企业内部控制体系建设与监督工作的实施意见》。该文件要求中央企业建立健全以风险管理为导向、合规管理监督为重点，严格、规范、全面、有效的内控体系。

（四）《合规管理体系要求及使用指南》

2021年4月13日，国际标准化组织发布了ISO 37301：2021《合规管理体系要求及使用指南》。该文件的内容覆盖合规管理体系建设、运行、维护和改进的全流程，既可以为各类组织提升自身的合规管理能力提供系统化方法，也可以为监管机构和司法机构采信组织的合规整改计划、合规管理体系实践提供参考依据。

（五）《关于建立涉案企业合规第三方监督评估机制的指导意见（试行）》

2021 年 6 月 3 日，最高人民检察院、司法部、财政部等九部门共同研究制定了《关于建立涉案企业合规第三方监督评估机制的指导意见（试行）》。该指导意见对依法推进企业合规改革，建立健全涉案企业合规第三方监督评估机制具有指导作用。

（六）《中央企业合规管理办法（公开征求意见稿）》

2022 年 4 月 1 日，国务院国资委发布了《中央企业合规管理办法（公开征求意见稿）》，其是国务院国资委根据《中华人民共和国公司法》（以下简称《公司法》）、《中华人民共和国企业国有资产法》等有关法律法规，结合中央企业实际起草的，共八章四十四条，分别为总则、组织和职责、制度建设、运行机制、评价与追责、合规文化建设、信息化建设和附则。

（七）其他制度

与合规管理相关的其他制度包括《商业银行合规风险管理指引》《保险公司合规管理办法》《证券公司和证券投资基金管理公司合规管理办法》《反贿赂管理体系要求及使用指南》等。

二、合规审计的重点领域

合规审计的内容和范围并没有明确的界限，审计人员需要根据企业的管理缺陷和制度漏洞，建立有针对性的预防、识别和应对流程，实行差异化的合规审计，这是保证合规审计行之有效的关键。具体来看，合规审计的重点领域是企业在经营管理中，根据可能接触的业务领域、执行的业务程序、发生的违规行为而总结的高风险领域。

不同规模的企业合规审计的重点不同。例如，与大型企业相比，中小微企业的合规风险主要集中在经营、融资、管理等方面，因此合规审计的重点在虚开发票、污染环境、侵犯知识产权、商业贿赂、破坏数据安全和侵犯个人信息等方面。不同行业的企业合规审计的重点也不同。例如，对于互联网公司、商业大数据公司，我国有针对性地制定了相关法律法规，所以这类公司合规审计的重点在数据合规等方面。

虽然不同的企业合规审计的重点领域并不相同，但是结合法律法规关注的领域和企业日常经营中容易出现风险的领域来看，合规审计的重点领域如下。

（1）法规关注领域，包括制裁与出口管制、反腐败与反贿赂、隐私与数据保护、反洗钱、利益冲突、产品安全与消费者权益保护、关联交易等领域。这些领域的合规审计如反垄断合规审计、反贿赂合规审计等。

（2）经营重点领域，包括市场交易、安全环保、产品质量、劳动用工、财务税收、知识产权、商业伙伴等领域。这些领域的合规审计如准入类合规审计、知识产权合规审计、合同管理合规审计、劳动人事合规审计等。

（3）管理重点环节，包括制度制定环节、经营决策环节和生产运营环节等。这些领域的合规审计如制度流程梳理合规审计、大型项目投资决策后评价合规审计等。

（4）重点人员，包括高级管理人员、重要风险岗位人员等。这些领域的合规审计如经济责任合规审计、管理层交接合规审计、采购与财务等不相容职务相分离合规审计及轮岗合规审计等。

企业合规管理要针对每个风险领域和风险点设置相应的管理规范和行为准则，从而规范员工行为，这对企业规避违法违规行为具有重要意义。

第三节
合规审计程序

合规审计既然是内部审计的一个子系统，必然要符合内部审计的工作程序，但是合规审计有其自身的特点，审计人员在开展合规审计时应重点关注这些特点。

一般来说，合规审计程序分为定期审计合规政策和制度、合规风险评估并制定合规义务台账和合规风险清单、合规审计立项、成立合规审计小组、合规审计审前调查、编制合规审计项目计划、编制合规审计方案、下发审计通知书、召开进场会、合规审计实施、合规审计报告、合规审计整改跟踪。

一、定期审计合规政策和制度

定期审计合规政策和制度以符合性审计为主，包括企业内部制度规范的符合性审计和业务行为执行的符合性审计。企业内部制度规范的符合性审计是指检查企业合规管理体系中各项制度制定程序和内容是否符合国家法律规范的要求，具体条款是否充分并适用于本企业的业务流程。业务行为执行的符合性审计是指检查企业是否按照业务管理制度的流程执行业务行为。

审计合规政策和制度的步骤如下。

（1）制度合规性审计。合规审计，包括定期对企业的各项制度进行合规性审计，以评判企业的各项制度是否与国家现行的法律法规保持一致，有无冲突。制度合规性审计的目的是保证企业所制定的制度流程合规、内容合法。例如，审计涉及员工利益的福利制度是否经过职工代表大会审议。

（2）制度充分性和适用性审计。合规审计，包括定期对企业的各项制度进行充分性和适用性审计，以评判企业的相关制度是否符合合规管理体系标准，确保各业务行为全过程均有管理制度（措施）进行规范。

（3）业务行为有效性审计。合规审计，包括对各业务行为是否符合对应的管理制度（措施）进行审计。具体可以分为三步：第一步，审计标准作业程序（Standard Operation Procedure，SOP），判断其是否符合制度要求；第二步，进行穿行测试，判断实际业务是否符合 SOP 的规范；第三步，判断是否调整制度或规范实际操作流程。

（4）业务结果有效性审计。合规审计，包括对各业务的执行结果是否实现对应的合规义务和合规目标进行审计。

二、合规风险评估并制定合规义务台账和合规风险清单

审计人员在进行具体的合规审计前，应当定期或不定期地对企业面临的合规风险进行评估。合规风险评估要求审计人员根据企业经营管理的实际情况，梳理相关统计数据，对各个风险点进行全面的总结，定期形成合规风险清单、制定合规义务台账，提前建立应对预案，以便更好地识别和应对风险。表 1-1 以知识产权风险和税务风险为例，列示了合规义务台账和合规风险清单。

合规义务台账和合规风险清单是合规审计区别于一般内部审计的标志。合规风险识别是合规审计的基础。法律法规作为企业合规义务的强制性规范，是合规审计

的重要依据；同时，法律法规体系庞杂、数量巨大、动态变化的特点，也给企业合规审计增加了难度。因此，梳理重点业务领域的相关法律法规，并从合规义务、违规责任维度对法律条款进行标记，形成企业外部合规义务清单，为企业合规风险识别提供参考依据，是合规审计的前提条件。

表 1-1　合规义务台账和合规风险清单

合规义务台账		合规风险清单				
法律法规名称	分类	一级风险	二级风险	三级风险编号	三级风险名称	责任部门
《中华人民共和国民法典》《中华人民共和国知识产权法》	专利证书、专利权法律制度	合规风险	侵权风险（基于公司侵犯知识产权或其他权利引起的法律纠纷）	01	知识产权申请、登记及权利证书保管不当	法务部、品牌部
	知识产权保护法律制度			02	技术引进不当	法务部、研发部
				03	侵犯其他公司知识产权	法务部、研发部
	商业秘密保护法律制度			04	保密执行不力	法务部
税法	税收法律制度	税务风险	税/费风险（基于公司违反国家税收制度引发的法律风险）	05	税务登记违规	财务部
				06	税款缴纳违规	财务部

三、合规审计立项

合规审计立项阶段的重要工作是做好合规审计准备，明确合规审计目标，界定合规审计范围，划分合规审计期间。

凡事预则立，不预则废。企业必须重视合规审计立项阶段，这个阶段的准备工作不仅包括流程准备，还包括知识储备和行程准备。其中，最重要的是知识储备。知识储备是针对审计要求、审计目标、审计范围和审计期间开展有针对性的收集与整理工作。

合规审计的审计目标分为内生目标和外部要求。内生目标是企业内部开展合规审计的目的，尤其是领导临时交办的合规审计项目，审计人员一定要明确领导的意图，对不明确的事项应及时向领导请示，寻求帮助。外部要求即外部法规和监管机构对审计的相关要求，往往因审计内容的不同而有所不同。审计人员必须做好知识储备，这样才能保证审计不偏离审计目标。

四、成立合规审计项目组

这个阶段的主要任务是根据合规审计目标，选派合适的审计人员组成合规审计项目组，并指定主审人员。

术业有专攻，审计人员的专业素养影响审计项目的质量，同样的审计项目由不同的审计人员实施，效果是不一样的。同时，审计项目涉及企业经营的方方面面，因此对审计人员的要求是多方面的。在一个合规审计项目组中，既要有合规管理方面的专家，又要有相关专业领域方面的专家。此外，合规审计项目组可以借助外部专家的力量，成立临时的联合项目组进行审计。同时，合规审计项目组也要考虑审计人才梯队的建设，可以采取"老带新，师带徒"的模式，逐步培养新人。

五、合规审计审前调查

审前调查可以让审计人员初步了解被审计单位合规的基本情况，为编制合规审计项目计划和合规审计方案奠定基础。

充分的审前调查有助于提高审计质量和效率。审计人员可以通过梳理相关的法律法规和企业制度，以及利用法规网站、公信系统等外部资源，进行审前调查。

审计人员除了可以向业务部门索要相关资料，还可以查阅以往的审计档案和审计成果，为合规审计指明方向。

审前调查的步骤如下。

1. 制定审前调查提纲

审计项目组紧扣审计目标和范围，结合审计项目组成员的知识结构、审计经验及被审计单位的业务特点等对审计项目组成员进行初步分工；通过审计项目组讨论等方式确定审前调查的内容、范围、重点、方式等，针对被审计单位的实际情况和审计项目的重要程度，拟定翔实周密的审前调查提纲。

2. 收集资料

审计人员可以从以下方面调查了解被审计单位的合规义务履行情况。

（1）基本情况，包括单位性质、管理体制、机构设置、人员编制情况等。

（2）主要职责及具体工作事项、业务活动、工作目标及其完成情况。

（3）合规风险清单和合规义务台账。

（4）相关内部控制及其执行情况。

（5）相关法律法规、政策及其执行情况。

（6）相关信息系统及其数据情况。

（7）经济环境、行业状况及其他外部因素。

（8）以往接受审计和监管及其整改情况。

（9）需要了解的其他情况。

3. 整理分析，形成调查记录

调查过程完成后，审计人员要把审前调查的过程、方式、人员、调查重点内容及调查的结论整理成调查记录，对被审计单位在审计范围内的情况做出初步评判，进行风险评估，同时要注意保存审前调查的相关资料，与审计实施阶段相印证。

六、编制合规审计项目计划

合规审计项目计划与年度审计计划不同，它针对的是具体的合规审计项目，内容更加细化，是以时间为主轴，对审计程序的性质、时间和范围所做的详细规划与说明。

编制合规审计项目计划时一定要充分考虑实际情况，合理分配审计资源（人员数量、审计作业时间与审计经费）。合规审计项目计划一般包括立项准备、外勤作业、审计报告和审计工作底稿整理等内容。通过立项准备应确定合规审计重点、合规审计里程碑、合规审计程序等决定审计目标、方向和节点的重要内容。外勤作业又称现场审计，是整个合规审计的核心，审计人员开展外勤作业时需要结合经验合理分配时间。审计报告是审计工作成果的体现，审计人员需要将外勤作业过程中的审计发现整理成审计现场备忘录，再按照审计思路、业务逻辑编制成书面的审计执行报告草稿，通过审计沟通会议与被审计单位进行问题的确认和澄清，并落实对应的整改方案和奖惩意见，最终形成事实清晰、逻辑严谨、重点突出的审计执行报告。同时，为了方便管理层阅读，审计人员还需要编制审计摘要报告。审计计划表示例如表 1-2 所示。

表 1-2　审计计划表示例

＿＿＿＿合规审计项目计划

序号	阶段	开始时间	结束时间	负责人
1	**立项准备**			
1.1	审计通知			
1.2	审计作业计划			
1.3	预约面谈时间			
1.4	编写面谈记录			
1.5	确定审计重点			

序号	阶段	开始时间	结束时间	负责人
1.6	合规风险管控里程坐标			
1.7	确定审计程序			
1.8	索取审计资料			
2	**外勤作业**			
2.1	审计启动会议及面谈			
2.2	制度／流程分析			
2.3	分析预查问卷			
2.4	执行审计程序			
2.5	审计现场作业			
3	**审计报告**			
3.1	编制审计现场备忘录			
3.2	编制审计执行报告草稿			
3.3	召开审计沟通会议			
3.4	编制审计执行报告			
3.5	编制审计摘要报告			
4	**审计工作底稿整理**			

七、编制合规审计方案

合规审计方案是在审前调查的基础上，对审计现场工作进行具体部署所形成的正式的书面文件。合规审计方案是帮助合规审计小组成员统一审计目标、确立审计范围、指导审计步骤、有效进行审计分工，将审计过程中立项准备阶段和外勤作业阶段的工作有机、紧密联系起来的一座桥梁。简单地说,合规审计方案就像飞行员的航空线路图一样意义重大。一份良好的合规审计方案应该像一张清晰明确的审计地图,为合规审计人员有效进行现场检查和评价提供行动指南;同时,它也是合规审计人员在现场审计过程中控制质量和保证效率的一种手段,保证其在规定的时间和费用预算范围内达成审计目标,完成审计任务。

编制合规审计方案,除了查阅资料、梳理业务流程和管控节点外,更重要的是要进行实地观察,并预判可能存在的风险点和管控盲点,注意那些不正常、不经济、低效率、可能存在问题的迹象。这些迹象可能以工作流程不顺畅、场地脏乱、设备安置和保养不恰当、资产保管地不安全、业务衔接不流畅等形式表现出来,也可能表现在管理人员指挥不当、职员对管理人员不满或有抵触情绪、工作态度不严谨、作风散漫等方面。

编制合规审计方案时可以采用不同的模式。一种是点检表模式,其优点是可以帮助经验不足的审计人员按照查核点逐一排查,缺点是在一定程度上固化了审计人员的思维,所以这种模式适合经验不足的审计人员。另一种是思维导图模式,这种模式是开放式的,只指明审计方向,并将各个模块联系起来,适合经验丰富的审计人员。

以采购审计为例,表1-3所示为点检表模式下的合规审计方案,图1-1所示为思维导图模式下的合规审计方案。

表1-3 点检表模式下的合规审计方案

分析发现事项	主要风险点	工作重点
一、供应商管理及采购制度		
供应商引进	① 供应商注册资本、相关的质量标准、产能和被审计单位的需求不匹配,无法满足被审计单位的业务要求 ② 供应商与被审计单位相关人员存在亲属关系,未按规定规避利益关系	对供应商营业执照、质量标准及业务能力进行检查

（续表）

分析发现事项	主要风险点	工作重点
供应商选择	① 选择贸易类型的供应商和距离较远的供应商，增加相关成本 ② 指定供应商	对供应商性质和地点进行分析测试
供应商考核	供应商评分不合理	检查是否存在考核分数低、已经被淘汰的供应商仍然继续供货的现象
采购制度	采购制度不健全，没有轮岗制度、不相容岗位分离制度	查询岗位职责，检查采购制度是否健全
二、物料采购		
物料采购招投标	① 物料采购未进行招投标，价格高于市场价格 ② 招投标流于形式，技术标准制定不合理，未按照使用部门的需求对供应商进行分档次招标	① 对主要物料招投标程序、供应商报价进行对比分析 ② 抽查部分招标文件，分析供应商报价差异较大的原因，检查招标是否流于形式
采购比例合理性分析及执行情况追踪	实际采购量和请购单上的采购量不一致，无法保证中标方的利益，降低供应商招投标的积极性，影响招投标的效果	对主要物料供应商的实际采购量和请购单上的采购量进行对比分析
经济采购	未选择低价时点进行采购	对主要物料采购价格和采购数量进行趋势分析，检查是否进行经济采购
采购价格	未进行询价，采购价格高于市场价格	通过不同渠道查询价格，检查采购价格是否高于市场价格，分析原因
三、物料验收及保管		
物料合同	物料合同中无约束产品质量、供货周期等的相关条款	对重点物料的合同进行抽查
物料验收	物料未进行进料检验，或者检验标准不合适	检查物料进料检验记录及相关检验标准
物料呆滞和闲置	物料存在呆滞或闲置的情况	检查物料呆滞和闲置的情况

（续表）

分析发现事项	主要风险点	工作重点
四、采购付款		
采购付款的合规性	① 采购订单、发票、验收单、付款凭证不一致；各类票据日期不合理 ② 长期拖欠货款，或者因被审计单位原因造成对方损失；违约罚款未及时入账或抵扣货款	对近期付款凭证进行抽查，从付款入手，查核有无违规付款现象

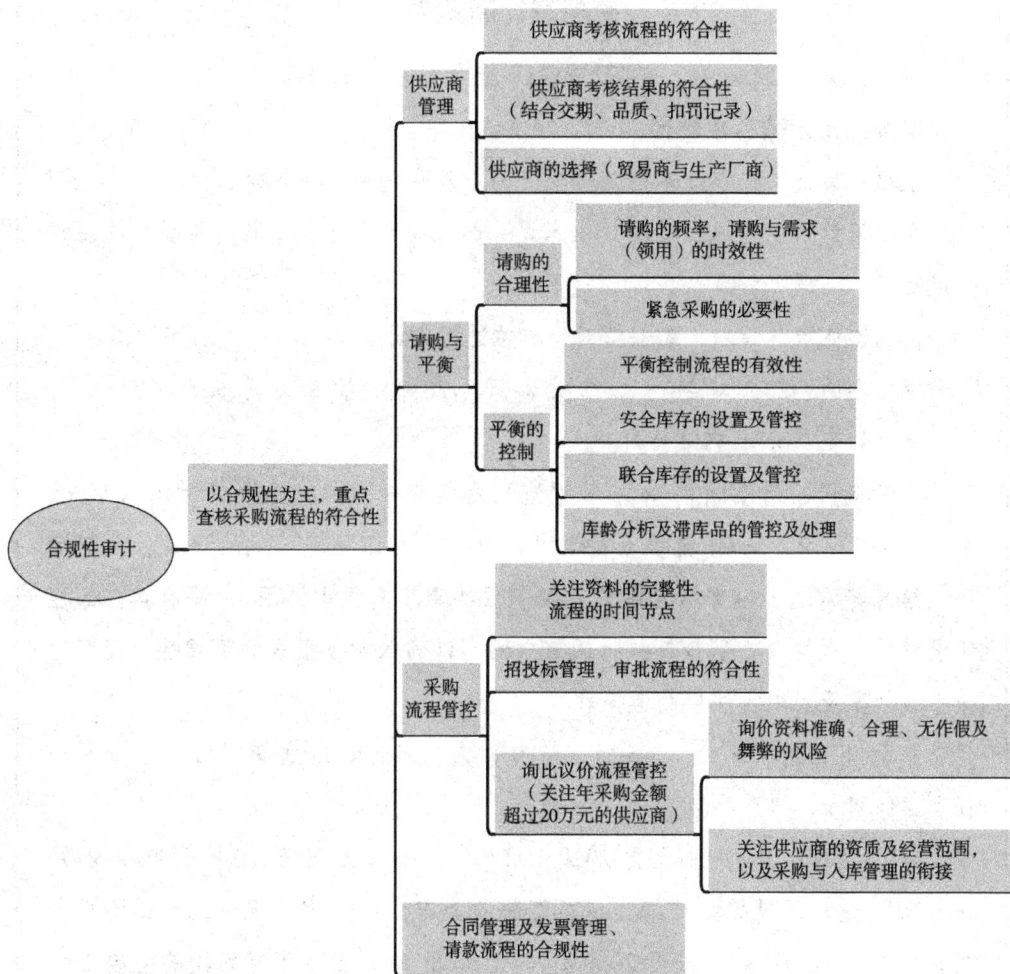

图 1-1　思维导图模式下的合规审计方案

八、下发审计通知书

审计通知书是通知被审计单位开展审计项目的正式书面文件。一份完善的审计通知书包括以下要素：被审计单位及审计项目名称、审计目的、审计范围、审计时间、被审计单位应提供的具体资料和必要协助、合规审计小组成员名单、审计机构及负责人签章和签发日期。

以下是合规审计通知书示例。

合规审计通知书

主送：××部×××经理（部门＋主管姓名＋职位）。

发自：××集团审计部。

主题：××（被审计单位全称）××（合规审计项目全称）。

合规审计是企业风险管理的内容之一，有助于企业完善相关流程，关注相关风险点。

依据整体审计计划，本部拟对贵单位进行审计。

审计期间：20××年××月××日至20××年××月××日。

审计地点：××有限公司。

审计范围：对期间内××管理流程进行合规审计，主要针对××××、××××、××××等流程（管理审计用）或内部环境、风险评估、控制活动、信息与沟通、内部监督等内部控制五要素（例行审计用），评价其内部控制设计的合理性及内部控制执行的有效性，以确保财务报告的可靠性、经营的效果和效率及对现行法规的遵循。

审计项目组：×××、×××、×××、×××组成审计小组，×××任项目组组长。

审计时间：第一阶段自20××年××月××日至20××年××月××日，此时间段的主要工作包括资料收集与分析、审计规划；第二阶段自20××年××月××日至20××年××月××日，此时间段的主要工作包括外勤作业、审计发现讨论及报告撰写。

若审计工作未能按计划时间完成，则需延长时间直至完成审计并与总经理或部门主管就审计发现事项完成沟通。

敬请贵单位指派相关负责人为对接人,协调其他部门收集上述资料,并于××月××日前以电子文档的形式发给审计项目组,难以扫描的纸质文档请提前整理,留待现场备查。(审计人员联系方式及审计所需资料清单另附)

如您对此次审计项目有任何疑问,请及时与我们联系。

特此通知。

附件:审计所需资料清单。

××集团审计部

20××年××月××日

九、召开进场会

具体内容参见第六章第三节。

十、合规审计实施

合规审计小组应依据合规审计项目计划和合规审计方案实施合规审计。合规审计小组在实施审计过程中可就发现的问题随时向有关单位和人员提出改进建议,编制审计工作底稿。审计终结,合规审计小组应依据审计工作底稿,提出审计意见及管理建议,编制合规审计报告。

实施合规审计总体上要把握以下原则。

(1)多走现场,多看多听多问,谋定而后动。

办公室里是无法完成高质量的合规审计的。很多合规审计线索都是审计人员通过带着问题在现场发现的。所以审计项目开始后,审计人员要多走现场,从细微之处发现问题,多看多听多问。相关人员不经意的一句话、一个举动,也许就是一个新的审计线索。开展合规审计时应注意谋定而后动,不要没了章法,要充分利用审前调查成果，按照审计方案有序推进。具体而言，审计人员可以以法律法规的强制性要求为基础，以企业内部的制度为依据，关注业务流、资金流、货物流、数据流，并结合现场的观察、询问发现问题。

（2）突出重点，不同领域合规审计重点要有所区分。

审计要突出重点，审计人员要关注重点事项、薄弱事项、高风险事项、有资源流入流出的事项。同时，审计人员要抓住容易确认的问题、好突破的环节，然后再抽丝剥茧，逐步推进，梳理整个业务流程，对业务循环进行诊断。

（3）发现问题、揭露问题要有依据，做到实事求是。

合规审计揭露问题要在证据充分的基础上做到实事求是，要严格依据制度、政策规定，做到依据事实、坚守原则，切不能"有罪推定"。如果没有切实的证据，审计人员对把握不准、拿捏不定、无制度依据的问题，在无法确认的情况下，不能存在似是而非的表述，如不使用"可能""大概"等词语。

（4）求本质、找根因，从根本上解决违规问题，从而提升合规审计的层次。

透过现象看本质，具体问题具体分析，深究审计发现表象下的具体问题，有助于将合规审计提升到更高的层次。

（5）重大问题要及时汇报，法律法规是底线。

审计人员应严格遵守层级管理的观念，遇到特殊、异常、重大问题一定要提前请示，征求管理层的看法，这样才能为后续审计指明方向。但是，如果审计人员发现违反外部法律法规的事项，那么一定要以法律法规而不是管理层的个人意志为准绳。

（6）贯彻落实三级复核制。

审计质量是审计项目的生命线。要保证审计质量，审计人员应贯彻落实三级复核制。第一级，审计项目组成员间相互复核，这是审计质量把关的第一道防线。这一级复核的重点是关注事实是否清楚准确、前后逻辑是否正确。因为审计项目组成员分工不同，所以实施项目组成员间相互复核可以避免得出相互矛盾的结论；同时，这也是审计项目组成员相互学习、提升能力的一种有效途径。第二级，项目组长复核。这一级复核的重点是关注项目重点是否突出、是否涵盖重大风险、报告中的数字是否正确、文字表达是否准确等。第三级，审计负责人复核。这一级复核是对审计项目全局进行复核，重点关注项目进度是否延后、审计目标是否达成、是否突出重点、汇报内容如何取舍、汇报时机的安排等。

审计项目复核清单见表 1-4。

表 1-4　审计项目复核清单

序号	项目	执行状况	备注
1	审计项目是否依照排定时间进行		
2	审计所需资料是否齐全		
3	合规审计项目计划是否包含项目重大风险		
4	抽样数据是否支持审计发现		
5	审计发现的问题是否有明确的判断标准		
6	查核发现的问题是否与被审计单位充分沟通		

十一、合规审计报告

合规审计小组应通过审计报告征求意见稿充分征求被审计单位的意见，被审计单位接到审计报告征求意见稿后应将其意见以书面形式反馈给合规审计小组，合规审计小组参照反馈意见，根据实际情况，本着实事求是的原则修订报告，最终完成合规审计报告。

书面的审计报告征求意见稿非常重要，其作用主要有三个。一是让被审计单位有发表意见的途径。书面的审计报告征求意见稿可以避免正式发布审计报告后审计人员和被审计单位发生争执。二是通过被审计单位的反馈，审计人员可以对审计过程中未了解的特殊情况进行确认，避免报告有偏差，保证审计质量。三是通过被审计单位的书面回复，审计人员可以确定责任部门，落实整改，方便后续审计跟踪，为形成审计闭环做准备。

审计报告征求意见稿是审计建议执行、落地的重要保障手段之一，也是保证合规审计报告质量的最后一道防线，其示例如下。

××审计报告征求意见稿

×××部门：

按照集团《合规审计制度》《合规审计章程》和合规审计工作程序，现将审计报告征求意见稿呈送贵部门，其不作为对外正式发布的审计报告，仅作为审计报告征求意见稿。合规审计报告将会根据双方意见，修改后呈送审计委员会批准，然后正式发布。

请贵部门在收到审计报告征求意见稿之日起三个工作日内书面回复意见，如果在规定期限内未书面回复意见，视为无异议处理。

附：审计报告征求意见稿。

审计部

20××年××月××日

合规审计小组征求被审计单位的意见后修订并完成合规审计报告，报授权人签批后才能正式对外发布。

十二、合规审计整改跟踪

（一）发布审计报告并下发审计整改通知单

审定的合规审计报告经相关人员审批后正式送达被审计单位，同时抄送相关职能部门。被审计单位就报告中所提出的问题和意见制定整改方案进行整改，审计人员有权就被审计单位的整改情况进行检查。

要达到审计目的，就要重视被审计单位的思想工作，使审计建议得到被审计单位的认可。

审计整改是审计闭环中的重要一环，审计整改通知单（见表1-5）是实施审计整改的重要文件。

表 1-5　审计整改通知单

序号	项目名称	报告编号	审计发现简要描述	风险重要性水平	审计建议	相关文档	管理层具体整改措施	预计整改完成时间	整改责任部门	整改责任人
1				轻度						
2				轻度至中度						
3				中度						
4				中度至高度						
5				高度						

（二）审计工作底稿及其他资料的管理

合规审计小组应在审计工作结束后及时将审计工作底稿、审计取证记录、合规审计报告、反馈意见、整改方案等资料按照档案管理要求整理归档。

归档的审计工作底稿包括就审计结果形成的书面记录等过程资料，审计人员应重视过程资料的归档、保管，因为它完整体现了审计的思路，明确写明了被审计单位的问题及对违规违纪事实的确认结果，是审计部门日后应对法律诉讼、防范审计风险、评价审计项目质量的重要依据，也是后续审计的重要参考资料。

审计项目结束后，合规审计小组应及时对审计工作底稿进行整理、归档，整理、归档的过程也是一个梳理、学习、提高的过程，归档要制定明确的格式和索引，便于查阅。对于什么资料需要归入档案、什么资料不需要归入档案，要进行判断。

（1）立项资料要求归档，包括合规审计方案、合规审计项目计划、正式签发的审计通知书等。

（2）重要的原始资料要求归档，包括审计资料清单、被审计单位提供的原始资料（未被合规审计小组编辑、分析过的原始资料，这是为了日后备查）。

（3）重要的过程资料要求归档，做到"四个凡是"：凡是涉及违规违纪事实确认的资料要归档；凡是涉及报告表述直接依据的资料要归档；凡是可能涉及被审计单位申诉、投诉及法律诉讼等风险的资料要归档；凡是涉及审计流程的资料要归档。

（4）重要的审计结果要求归档，包括被审计单位书面回复的审计报告征求意见稿、正式签发的合规审计报告、整改意见书等。

很多单位重视开展审计项目，落实审计整改要求，但是忽视审计工作底稿的归档，这不利于审计工作的后续实施和审计经验的传承。审计工作底稿归档目录如表 1-6 所示。

表 1-6　审计工作底稿归档目录

序号	类别	内容	编号
1	合规审计报告与建议（签发版、被审计单位回复稿、审计整改通知单等）	正式报告、摘要报告、沟通稿、审计整改通知单	SJ2022001
2	审计工作复核记录	三级复核清单	SJ2022002
3	审计通知书	……	
4	合规审计方案	……	

序号	类别	内容	编号
5	审计工作计划	……	
6	作业程序（流程）	……	
7	审计工作记录	……	
8	重要原始数据	……	
9	附件	……	

（三）审计整改跟踪阶段

审计整改跟踪阶段的主要工作是检查被审计单位对审计意见、审计决定的采纳及执行情况和效果。

审计部门要重视审计整改的跟踪调查，要想提高审计问题整改率，一定要将审计整改情况与绩效挂钩。

具体怎么落实审计整改跟踪工作呢？审计人员可以从以下方面入手。

1. 明确责任

审计整改工作中，审计人员主要负监督责任而非主体责任，被审计单位负责人是审计整改的第一责任人。被审计单位应重视整改；同时，审计部门应树立其权威性，将整改与绩效挂钩，要求被审计单位认真执行审计决定，落实审计整改建议，及时向审计部门报送整改方案，对于对整改工作落实不到位负有责任的被审计单位的责任人，审计部门应依纪依规追究其责任。

2. 多部门联动

审计整改是一项系统工程，涉及组织架构、权责划分、制度、流程、执行等方面，且涉及多个部门，因此要重视审计部门在整改中发挥的牵头作用。审计部门的牵头作用体现为：协调业务部门、财务部门和人力资源部门，共同在审计整改检查中承担协助督导职能，细化各部门的整改职责，协调各部门的力量形成监管合力，从更高层面确保审计整改的落实。合规审计整改跟踪表如表 1-7 所示。

表 1-7　合规审计整改跟踪表

项目名称	缺陷详细描述	舞弊红旗	风险重要性水平	相关文档	责任部门回复	要求整改完成时间	内控消缺	整改确认人	整改关联项目	消缺确认人	消缺确认日期	消缺关联项目	未能整改原因
××审计	发现财务现金管理人员存在挪用现金的情况	√	高风险	现金管理制度	重新梳理不相容职务、现金管理制度	××××年××月××日	整改已完成	××	保险柜管理规则	××	××××年××月××日	已完成	—

第四节
其他需要注意的事项

审计人员在审计过程中要注意审计风险，包括技术风险和道德风险等。技术风险在本书其他章多次提及，而道德风险主要指审计人员违反工作程序和审计纪律，给审计工作造成不良影响和后果的风险。

审计人员可以在进场沟通会中向被审计单位递交《遵守合规审计师职业道德规范的承诺书》，以取信对方。《遵守合规审计师职业道德规范的承诺书》示例如下。

遵守合规审计师职业道德规范的承诺书

本审计项目团队愿意接受集团合规审计师职业道德规范要求，并就与职业道德相关的事项，包括基本职业道德、独立性及保密等事宜做出以下承诺，并请贵单位监督。

一、基本职业道德

① 本审计项目团队成员将严格遵守合规审计准则及合规审计机构制定的其他规定。

② 本审计项目团队成员将保持应有的职业谨慎，保持和提升专业胜任能

力，遵守业务准则规范执业，勤勉尽责。

二、独立性

① 在执行审计、审阅及其他鉴证业务时，本审计项目团队成员将恪守独立、客观、公正的原则。

② 本审计项目团队成员承诺本团队及直系亲属与贵单位无直接或间接的经济利益。

③ 本审计项目团队成员承诺不存在未经集团审计部批准在贵单位处报销费用或提出任何利益要求的情况。

④ 本审计项目团队成员承诺不接受贵单位贵重礼品或超出社会礼仪的款待。

三、保密

① 本审计项目团队成员承诺履行对客户的责任，对执业过程中获知的客户信息保密。

② 本审计项目团队成员承诺对所有关于贵单位的资料，包括以书面和口头等形式接触到贵单位提供的非公开的、保密的、专有的信息和数据，除非经贵单位同意，不向任何其他方，包括家庭成员谈及和披露。

③ 本审计项目团队成员承诺不利用在执业过程中获知的贵单位信息，包括尚未公布于众的保密信息为自己或他人谋取不正当利益。

④ 本审计项目团队成员承诺未经贵单位和项目负责人同意，不将审计工作底稿及其他客户信息带出工作现场及办公场所。

⑤ 本审计项目团队成员承诺在现场工作结束后，将整理后的审计工作底稿交上级复核人复核及存档，并及时清理废弃文件，不做其他用途亦不私自存留。

四、其他

本审计项目团队成员如因违反承诺函约定的保守秘密事项，造成贵单位经济损失或声誉损失的，按照损失程度依公司相关制度规定承担责任。

签名：   日期：

第二章

合规审计证据的收集与分析

　　合规审计十分重视审计证据的收集与分析，这是因为合规审计以证据的效力为依据，以制度为准绳。在实施合规审计时，收集、确认审计证据是整个工作的核心，它没有固定的顺序和模式，审计人员要从大量资料中发现问题，确定责任人员、主要证据、比较标准。这些既要求审计人员有扎实的基本功，同时也要求审计人员掌握一定的技巧。所以说，合规审计事项是否查深、查透，能否最终实现审计目标，关键在于审计人员是否具备对审计证据的判断力。专业的判断力来源于丰富的专业知识、深厚的理论素养及长期的工作实践，这些都需要审计人员平时在工作、学习中一点点积累。

第一节
审计证据基础理论

一、审计证据的定义

审计证据是审计人员发表审计意见和出具合规审计报告的依据。在审计活动结束后，审计人员要对被审计单位的经济活动是否合法、合规，其会计资料及其他资料是否真实、正确，依照合规审计标准发表审计意见和出具合规审计报告。为了保证审计意见和合规审计报告的稳妥可靠，审计人员必须获取足够的证据。

审计证据是审计人员从收集的众多资料里，经过加工、处理后，整理的能够支持审计结论的依据，并非所有收集到的资料都能作为审计证据。审计人员若想将所收集到的分散的资料加工成充分、适当的审计证据，以达到审计目的，就需要按照一定的方法与技巧对收集的资料进行分类整理和分析，使之条理化、系统化。审计证据如图 2-1 所示。

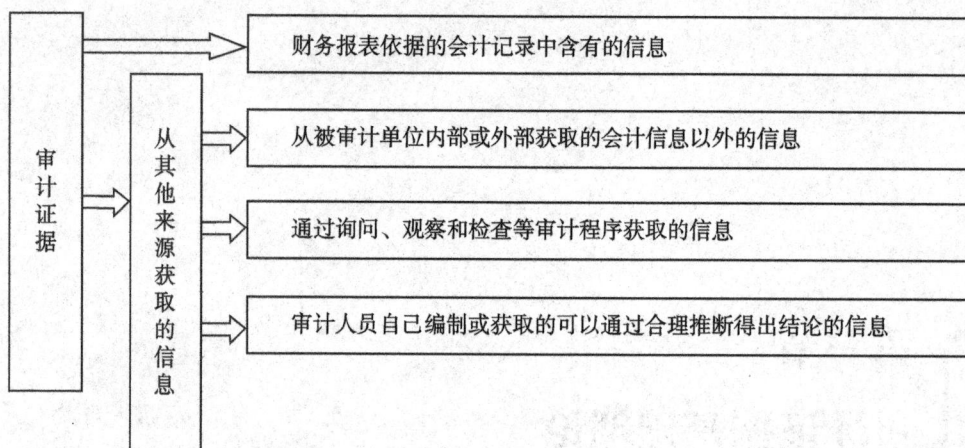

图 2-1　审计证据

二、审计证据的特性

审计人员获取的审计证据应当具备相关性、可靠性、充分性和适当性。

相关性即审计证据应当与审计事项和审计目标之间具有实质性联系。审计人员必须对反映不同内容的资料做适当的取舍，舍弃那些无关紧要的、不必在审计发现和审计结论中反映的次要资料，选择那些具有代表性的资料。

可靠性即审计证据的可信程度。从外部独立来源获取的审计证据比从其他来源获取的审计证据更可靠；内部控制有效时内部生成的审计证据比内部控制薄弱时内部生成的审计证据更可靠；审计人员直接获取的审计证据比间接获取的或推论得出的审计证据更可靠；以文件、记录形式（纸质、电子或其他介质）存在的审计证据比口头形式存在的审计证据更可靠；从原件获取的审计证据比从传真件或复印件获取的审计证据更可靠。鉴于审计证据是支撑审计发现的重要依据，审计人员要保证审计证据的可靠性。

充分性和适当性是审计证据的两个重要特性，两者缺一不可，只有充分且适当的审计证据才是有证明力的。需获取的审计证据的数量受审计证据质量的影响。审计证据质量越高，需要的审计证据数量可能越少。也就是说，审计证据的适当性会影响审计证据的充分性。如果针对某项认定从不同来源获取的审计证据或获取的不同性质的审计证据能够相互印证，那么与该项认定相关的审计证据具有较强的说服力。这时审计证据在数量上、逻辑上都足以支撑审计结论。

三、审计证据的种类及效力

审计证据按照取得的方式不同，可分为国家机关证据、企业证据和个人证据，证据效力从大到小排序如下：国家机关证据 > 企业证据 > 个人证据。审计证据按其存在形式（或称按其外形特征）不同，可分为实物证据、书面证据、视听证据和口头证据，证据效力从大到小排序如下：实物证据 > 书面证据 > 视听证据 > 口头证据。

（一）国家机关证据

国家机关证据是指国家机关制作的文书或出具的证明。因为此类证据有国家信用作为背书，所以证据的效力是最高的。例如，进行尽职调查时，通过中国裁判文书网取得的与被审计单位相关的诉讼情况资料，以及通过国家企业信用信息公示系统取得的被审计单位经营情况资料，可作为国家机关证据。

国家机关证据最好由审计人员自行取得，不要假借他人之手，防止信息被人恶意篡改。

（二）企业证据

企业证据是指从企业处取得的证据。企业证据分为内部证据和外部证据，往往从第三方取得的证据的效力要高于企业内部取得的证据的效力。例如，在财务审计中，从银行取得的对账单的效力高于从企业内部取得的会计凭证的效力。

审计人员要将取得的证据进行比对。例如，在销售审计中，审计人员可以将企业内部留存的合同与合作方留存的合同进行比对，判断有无业务员通过篡改信息谋利的情况。审计人员应尽量收集审计事项的原始文件，若不能获取原始文件，可以采用文字记录、复印、拍照等方式获取证据。

（三）个人证据

个人证据是指从相关人员处取得的证据，如访谈得到的证据、个人保存的一些资料等。

审计人员获取个人证据，应尽量要求个人签名或盖章，如果不能签名或盖章，审计人员要注明原因。若获取的是无个人签名或盖章的个人证据，审计人员应当采取追加或替代的审计程序，印证获取的个人证据是否真实、充分。

（四）实物证据

实物证据是审计人员通过实地观察和清查盘点所获得的，用以证明有关实物资产是否存在的证据。实物证据对实物资产是否存在的证明力强，效果显著，对实物的状态、数量、特征能形成有力的证明。因此，在对现金、存货、固定资产等项目进行审计时，审计人员通常首先考虑通过监盘来取得实物证据，以证明实物是否存在。

审计人员可以通过实物证据判断对应的资产是否存在，但是这并不能完全证明实物的价值及其所有权的归属，所以审计人员在搜集实物证据时，应当通过其他资料关注实物的所有权归属及其价值。实物证据往往会随着业务开展不断变化，为了保证审计证据的时效性和准确性，审计人员应当注明取得实物证据的时间，并在合规审计报告中做出说明。

（五）书面证据

书面证据是指以书面形式存在的审计证据。书面证据是审计人员收集的数量最多、范围最广的一种证据，如各种业务台账、会计记录、仓储单据等。

书面证据具有数量多、覆盖范围广、来源渠道多样化、容易被篡改的特点。根据这些特点，审计人员在收集有关书面证据时，要注意对书面证据进行认真细致的分析，运用专业判断正确地利用书面证据。

（六）视听证据

视听证据是指利用有关技术手段记载的声音、图像等证据。

视听证据在合规审计中运用得比较多，如举报人提供的录音、录像，合规访谈中获取的录音、录像等。

录音取证时应注意以下几点。

1. 采用合法手段

一般来说，面对面的访谈过程中进行录音或电话沟通时的电话录音都是合法的，是可以作为有效证据的。

2. 选择恰当的时间和地点

在初次访谈时，对方无心理准备，这种情况下录音获取的信息更真实。一般来说，面对面访谈取证优于电话访谈取证，因为面对面访谈中可以通过观察对方的非语言信息来辅助判断，同时可以避免电话访谈中发生冲突时被对方挂断而停止的风险。不论面对面访谈还是电话访谈，录音地点应该尽量是比较安静和不受干扰的，这样能够获得较好的录音效果。

3. 选择恰当的录音设备

如果条件允许，审计人员可以设定固定的访谈场所，安装专业的录音设备。如果没有条件，审计人员可以选择体积小、录音时间长、音质高的录音设备，其中高品质的手机是便捷的录音设备。

4. 合理使用录音证据

剪辑后的录音证据通常是无效的，所以审计人员要保留原始的录音资料，必要时可以请公证机关公证录音过程，确保录音证据的合法性。

（七）口头证据

口头证据是由被审计单位有关人员或其他人员提供的口头谈话形成的审计证据。

通常口头证据的效力较其他形式的证据的效力低，因为被询问对象可能有意隐瞒实情或因记忆模糊而导致证据不准确、不完整。因此，口头证据只能作为其他证据的补充。

第二节
审计证据收集方法

收集审计证据是在众多资料中围绕审计事项和目标，收集、整理审计证据的过程。那么，如何收集审计证据呢？根据企业运营的规律，任何业务的开展都离不开人、财、物、产、供、销、存七个方面，而任何事情的发生都必然有迹可循。审计人员在收集审计证据时，可以在审计目标的指引下，围绕上述七个方面，按照事物发展的过程，从事件涉及的人员、事件的经过、相关的物证方面着手。流程推演是审计取证的一大法宝，审计人员可以通过询问、观察、穿行测试、函证、分析程序等方法取得各种孤立的证据并将其串联起来，推断事件发生过程，还原事件真相。

不同的行业、不同的企业、不同的审计项目，审计重点和审计目标是不同的，所需要的审计证据也不同，所以在收集审计证据前，审计人员要确认审计重点和审计目标。审计人员可以先进行风险评估，对所审计事项进行大致了解后，再结合实际情况，收集与审计目标相关的审计证据。具体来说，审计人员可以根据风险评估的指引，对被审计单位的管理制度与工作流程进行分析，确定流程的关键控制点、容易出现问题的环节，进行证据收集。

在收集证据的过程中，审计人员要时刻保持应有的职业谨慎态度，多站在管理者的角度思考，多问几个为什么。下面将具体介绍一些常用的收集审计证据的方法。

一、询问

询问又称面谈，即审计人员与被审计单位相关人员进行面对面的交谈，了解被审计单位的内部控制制度及实施情况，分析各流程的关键控制点及资料，收集审计证据的一种方法。

二、穿行测试

穿行测试主要指审计人员按照被审计单位的业务流程，对业务流程中各个环节内部控制的关键控制点进行重点分析与检查，测定实际业务与业务流程的偏差程度，找出被审计单位运营过程中存在的薄弱环节，以收集审计证据的一种方法。

审计人员进行穿行测试时，要了解事件的发生、发展及结束全过程所涉及的人物或事物。这就要求审计人员熟悉事件流程，并分析每个环节可能留下的线索。审计人员进行穿行测试时，还要特别注意单据间的关联性，从中寻找矛盾和突破口。穿行测试只能用于判断业务有无按照制度、流程执行，而业务这样执行是否合理，则需要通过其他方法收集审计证据。审计人员带着穿行测试中发现的线索探寻根因的过程中，要特别关注异常事件的运行轨迹，特别是各种细节信息，这往往是审计的突破口。

三、走访和观察

俗话说"耳听为虚，眼见为实"，在审计项目上也是如此。审计人员要多走现场，带着谨慎态度去观察，这是非常可靠的收集审计证据的方法。

第一，确定走访对象是有讲究的。审计人员需要对在关键岗位和特殊领域工作的人员进行询问，以便寻求审计证据。第二，走访的方式也是有讲究的。有时走访需要被审计单位相关人员配合，审计人员会事先通知被审计单位相关人员。但是实践证明，审计人员突击暗访的效果会更好。第三，观察中审计人员需要保持谨慎态度，注意各种细节和各种特别情况的物证，如涂改后的原始凭证、发票等。第四，审计人员在走访和观察过程中要做好记录。第五，走访和观察的方法可以单独使用，也可以和监盘、询问等方法结合使用。

四、函证

函证是指审计人员为了印证审计事项而向被审计单位以外的第三方发出书面函件并要求其作答的收集审计证据的方法。因为函证是向独立的第三方发函，所以通过函证获取的审计证据的可靠性较高，在合规审计中经常用到。函证常用于核查被审计单位的应收账款余额、银行存款余额等。

函证分为肯定式函证和否定式函证。肯定式函证就是向第三方发出询证函，要求其证实所函证的内容是否正确，无论对错都要求复函。否定式函证就是向第三方发出询证函，当所函证的内容相符时不必复函，只有内容不符时才要求复函。这两种方式各有优缺点：前者所获取的审计证据较为可靠，但审计成本较高；后者因未知因素的存在，所获取的审计证据较前者来说不可靠，但审计成本相对较低。所以对于非常重要的事项，建议使用肯定式函证。

询证函一定要由审计人员自行发出，回函也要由审计人员本人接收，避免询证函在传递过程中被篡改的风险。

五、监盘与复盘

监盘就是对盘点过程进行监督。复盘的范畴更广，既包括对业务的重新推演，也包括对数据的重新计算。监盘是针对实物资产等有形资产数量的清点过程进行监督，复盘是按照规定的方式对数据进行重新计算，比对计算的结果是否相符。

监盘常用于存货、固定资产等方面的审计，如对粮食企业、煤炭企业的存货的审计，以及对基本建设项目工程量和形象工程进度的审计。监盘的局限性是它只能对实物资产是否存在提供有力证据，却不能为资产的所有权和价值的合理性提供证据。需注意的是，由于部分资产盘点会对正常生产造成一定的影响，如生产线物料盘点，因此在实际工作过程中审计人员要考虑该因素对被审计单位的影响。此外，部分资产存在易转移的特点，如库存现金，所以对这些资产适合进行突击检查。

审计人员在复盘时一定要仔细计算结果，考虑各种情况，对于测算的结果及其差异一定要与被审计单位沟通，也许在沟通过程中审计人员就会发现之前不知道或忽略的问题，避免得出错误的审计结论。

六、分析程序

分析程序即审计人员利用专业知识与经验，对各种相关联的资料进行合理的推断、验证、计算，进一步核实资料的真实性、完整性、合法性和一致性的收集审计证据的方法。

分析通常包括比率分析、趋势分析、回归分析及比较分析等。实际操作过程中，审计人员常将被审计单位的本年数据与上年数据对比，将本期数据与上期或上年同期数据对比，将预算数与实际数对比，从而将发现的不合常理、违法乱纪，而且得不到合理解释的事件作为审计重点，进行重点测试，以确认其风险性。

只分析单个财务指标，审计人员常常无法发现异常情况。下面是通过分析程序发现的异常情况举例。

（1）营业收入增长幅度低于应收账款增长幅度，且营业收入、净利润、经营性现金流量之间不匹配。公司销售产品，一般会产生应收账款。一般情况下，应收账款的变化幅度与营业收入的变化幅度一致。如果公司应收账款增长速度快于营业收入增长速度，同时经营性现金流量的增长速度长期显著慢于净利润增长速度，审计人员就要注意，这可能意味着，公司要么放宽了授信条件以刺激销售，要么人为通过"应收账款"科目虚构营业收入。

（2）营业利润大幅增加，而营业成本、销售费用等增加幅度很小。公司正常经营产生营业收入时不可避免地要产生营业成本和销售费用，营业成本和销售费用的增长率一般与营业收入的增长率保持一致。如果公司当期营业利润出现了大幅增加，而营业成本、销售费用等没有变化或变化很小，那么说明公司要么虚增销售，要么提前计提费用或刻意调减当期应计费用来提高营业利润。

（3）所得税费用异常低，与收入和利润增长幅度不匹配。如果公司利润较高，但是所得税费用低于应有的水平，这很可能是存在舞弊的信号。此外，如果公司应纳税所得额与净利润差异较大，那么说明公司可能存在偷税漏税或虚构收入的情况。

（4）现金余额与经营业绩不匹配，现金占资产总额的比例一直较高，且多年来无变化或变化较小。这说明公司可能存在现金用途受到限制（如进行质押、设立担保等），或者现金被大股东等关联方侵占等情况。

第三节
利用信息化资源收集审计证据

审计人员开展合规审计时，需要查询相关法律法规、合作方的相关资料。例如，在采购付款合规审计中，审计人员需要了解供应商的相关信息，需要查询大宗原物料的价格走势，判断被审计单位招投标流程中是否存在围标、串标等情况；在工资、薪金合规审计中，审计人员需要查询国家的用工和福利政策。审计人员可以利用外部资源查询相关信息。以下是常见的与信息查询相关的方法，供大家参考。

一、利用信息化资源

（一）我国法律法规查询

1. 审计法律法规

资源：审计署法律法规库。

作用：审计指导。

2. 政策

（1）资源：中国政府网政策数据库。

作用：查询国家政策方针，可用于战略审计、尽职调查等。

（2）资源：习近平系列重要讲话数据库（人民日报主办）。

作用：查询国家政策方针，可用于战略审计、尽职调查等。

（3）资源：国资委政策库。

作用：查询国家政策方针，可用于战略审计、尽职调查等。

（4）资源：国家发展改革委法律法规库。

作用：查询国家政策方针，可用于战略审计、尽职调查等。

（5）资源：中央纪委、国家监委法规库。

作用：查询国家法规，可用于政府和国企的合规审计、"三公经费"审计、领导干部离任审计等。

3. 一般法律法规

（1）资源：中国法律服务网（司法部主办）。

作用：查询一般法律法规，常用于舞弊审计、廉政调查等。

（2）资源：中国普法网（司法部主办）。

作用：查询一般法律法规，常用于舞弊审计、廉政调查等。

（3）资源：司法部法律法规库。

作用：查询一般法律法规，常用于舞弊审计、廉政调查等。

4. 财政法律法规

资源：财政部法律法规库。

作用：查询财政法律法规，常用于财务审计等。

5. 自然资源法律法规

资源：自然资源部政策法规库。

作用：查询自然资源法律法规，常用于矿产、资源类企业的管理审计等。

6. 生态环境法律法规

资源：生态环境部法律法规库。

作用：查询生态环境法律法规，常用于环境、职业健康、安全管理审计及政府环境资源审计等。

7. 农业农村法律法规

资源：农业农村部法律法规库。

作用：查询农业农村法规，常用于政府农业企业管理审计、村级干部履职审计等。

8. 人力资源和社会保障法律法规

资源：人力资源和社会保障部法律法规库。

作用：查询与人力资源和社会保障相关的法律法规，常用于人力资源管理审计等。

9. 房地产法律法规

资源：住房和城乡建设部法律法规库。

作用：查询与房地产相关的法律法规、与建设工程相关的企业的资质及从业人员资质，常用于房地产行业审计等。

10. 交通运输法规

资源：交通运输法规查询系统。

作用：查询与交通运输相关的法规，常用于物流行业审计等。

11. 银行业法律法规

资源：人民银行法律法规库。

作用：查询与银行业相关的法律法规，常用于银行业审计等。

12.银保监会法律法规

资源：银保监会官网。

作用：查询与银行及保险行业相关的法律法规，常用于银行业审计、保险业审计等。

13.证监会法律法规

资源：证券期货法规数据系统。

作用：查询与上市公司、证券机构相关的法律法规，常用于首次公开募股（Initial Public Offering，IPO）审计、尽职调查等。

（二）外国注册企业信息查询

1. 美国

资源：Wysk B2B Hub。

作用：查询美国注册企业的简介。

2. 新加坡

资源：ACRA Website。

作用：查询新加坡注册企业的基本信息。

3. 澳大利亚

资源：Australia Bussiness Register。

作用：查询澳大利亚注册企业的基本信息，可用于尽职调查等。

4. 印度

资源：Ministry of Corporate Affairs。

作用：查询印度注册企业的基本信息，可用于尽职调查等。

5. 德国

资源：FirmenWissen。

作用：查询德国注册企业的基本信息，可用于尽职调查等。

6. 英国

资源：GOV.UK。

作用：查询英国注册企业的基本信息，可用于尽职调查等。

（三）我国企业信用及个人信用查询

1. 企业、个人投资信息

资源：拓通综合信用信息查询系统。

作用：按身份证号码查询个人投资（或任监事）的公司，或者按组织机构代码查询公司的下属投资公司。

2. 企业或个人信用

（1）资源：信用中国。

作用：查询失信被执行人信息、企业经营异常信息、重大税收违法案件当事人名单、政府采购失信名单等。

（2）资源：中国人民银行征信中心。

作用：查询个人 / 企业信用报告。

3. 诉讼、仲裁情况

（1）资源：中国裁判文书网。

作用：查询企业、自然人诉讼情况。该系统仅仅公示已经生效的判决书，对于正在审理中或调解结案的诉讼，该系统不公示。

（2）资源：中国执行信息公开网。

作用：常用于人力资源审计背景调查、尽职调查等。

（3）资源：人民法院公告网。

作用：常用于采购审计、尽职调查等。

（4）资源：人民法院诉讼资产网。

作用：常用于担保审计资产调查等。

4. 行政处罚情况（税务合规性）

资源：国家税务总局上海市税务局官网（为例）。

作用：查询被调查对象税务处罚的情况。

5. 行政处罚情况（环保合规性）

资源：环保局行政处罚查询网站。

作用：核查被调查公司环保行政处罚的情况。

6. 个人学历信息

资源：中国高等教育学生信息网（学信网）。

作用：查询个人学历信息等。

7. 与建设工程相关的资质

资源：住房和城乡建设部查询平台。

作用：查询与建设工程相关的企业资质及从业人员资质。

（四）我国知识产权信息查询

1. 商标信息

资源：中国商标网。

作用：查询注册商标。

2. 专利信息

资源：中国及多国专利审查信息查询。

作用：查询专利情况。

3. 版权信息

资源：中国版权保护中心。

作用：查询被调查公司被登记软件、作品、数字作品的情况。

（五）与我国证券相关的信息查询

1. 上市公司信息

资源：巨潮资讯网。

作用：查询上市公司公告、年报、基本信息、IPO 申报材料等。

2. 证监会行政处罚信息

资源：证监会官网。

作用：查询相关禁入信息。

3. 上市公司披露信息

资源：深圳证券交易所官网、上海证券交易所官网。

作用：查询上市公司披露的独立董事、董事会秘书等信息。

4. 中小企业股份转让信息

资源：全国中小企业股份转让系统官网。

作用：查询相关企业的合规合法运营情况。

5. 与基金相关的信息

资源：中国证券投资基金业协会官网。

作用：查询公募基金管理人、私募基金管理人、私募基金产品、私募基金业务外包服务机构及纪律处分等相关信息。

（六）大宗原物料价格走势查询

1. 综合类

（1）资源：卓创资讯。

（2）资源：生意社。

作用：查询大宗商品市场价格行情、分析和预测信息，常用于采购合规审计。

2. 钢材类

（1）资源：钢材价格网。

（2）资源：我的钢铁网。

作用：查询钢材类产品的价格信息，常用于政府采购审计和合规审计。

3. 建材类

资源：商品混凝土网。

作用：查询各地混凝土资讯、混凝土技术、混凝土企业的相关信息，常用于工程造价类审计、工程合规审计。

4. 化药类

资源：中国氯碱网。

作用：查询与氯碱相关的信息，常用于采购合规审计。

二、利用营业执照中的信息

审计人员在合规审计工作中经常要查询合作方的工商信息，其中营业执照是可以利用的资料。例如，采购合规审计中的供应商资质调查、销售合规审计中的经销商资质调查、尽职调查中合作方的实力判断等都可以通过营业执照上的信息进行初步了解。因此，审计人员应能读懂营业执照上的信息。

（一）法定代表人和负责人

营业执照上记载的是法定代表人的，表明相关主体是拥有独立法人资格的单位，如有限责任公司、股份有限公司。营业执照上记载的是负责人的，通常表明相关主体是无独立法人资格的单位，如分公司等。审计人员通过这一差异可以判断相关主体的法律性质。

法定代表人可能是公司股东，也可能是公司股东指定的任何一个自然人，审计人员不能理所当然地认为法定代表人一定是公司股东。审计人员在调查与公司的关联关系时，不仅要关注其法定代表人、负责人，还要关注其董事、监事及高级管理人员。

（二）注册资本与企业规模

我国自 2014 年起已经取消企业法人注册资本最低限额的规定，同时取消注册资本实缴制，因此，注册资本多的企业并不一定规模大、实力强。例如，某企业对外宣布以 5 000 万元作为注册资本，但是实缴金额为 5 万元，那么注册资本 5 000 万元就不是其真实的情况。

审计人员要准确判断企业规模，应当关注企业的实缴资本，更需要实地走访，通过企业实际的生产规模、技术水平、设备装备来判断。

（三）从经营范围中能看出什么信息

审计人员可以通过营业执照上的"经营范围"一栏了解企业有无获得相关业务的行政许可，因为有的业务必须取得行政许可才能够经营。例如，工程项目，仅拥有二级资质的企业就不能承接必须具有一级资质的企业承包的工程。

例如：典当企业需要办理典当经营许可证和特种行业许可证；足疗、美容、美发、洗浴企业需要办理公共场所卫生许可证；餐饮企业需要办理食品流通经营许可证；住宿行业企业需要办理特种行业许可证和公共场所卫生许可证；出版物经营企业需要办理出版物经营许可证；音像制品经营企业需要办理音像制品制作许可证；生产加工型企业需要办理环保批文、消防批文等；娱乐行业企业需要办理公共场所卫生许可证和娱乐经营许可证；网络文化经营企业需要办理互联网上网服务营业场所信息网络安全许可和网络文化经营许可证；药品行业企业需要办理药品经营许可证、医疗器械经营许可证，涉及保健药品销售的还要办理食品卫生经营许可证；道路运输（普通货运）企业、机动车维修企业分别需要办理道路货物运输经营许可证、机动车维修经营市场准入许可证。

（四）住所与实际经营地址

企业营业执照中的住所可能和其实际经营地址不一致，所以若审计人员为了核实企业真实的实力，或者了解企业的关联关系，采用暗访的形式实地调查，可以事先查询企业的实际经营地址。

三、搜索信息

审计人员收集审计证据时常常需要搜索信息，以下是常用的搜索信息的途径。

（一）搜索引擎

搜索引擎是查找资料的重要渠道之一，用搜索引擎查找资料需要使用恰当的关键词和一些搜索技巧。

合规审计涉及的环节比较多，要求审计人员具备多种知识。例如：在物流审计中，审计人员需要了解不同尺寸货柜的最大装载量；在尽职调查中，审计人员需要对目标企业所属行业的情况和发展趋势有所了解。在信息时代，审计人员常常需要借助互联网高效查询信息。但是网络信息纷繁复杂，审计人员需要学会利用网络搜索引擎开展工作，学会甄别信息、加工信息。

1. 关键词的选择和双引号的运用

审计人员通常认为只要在搜索引擎中输入关键词，然后点击"搜索"就行了，但是，若关键词选择不当，查询的结果就会不准确，可能包含许多无用的信息。例如，审计人员要搜索与国际物流行业相关的专业术语，如果直接以"国际物流"搜索，结果会非常多；此时，可以更换关键词，如搜索"国际物流术语"，这样就可以排除一些无用信息。参照此方法，不停地变换关键词，直至查询到满意的结果。

如果对关键词加上双引号，代表完全匹配搜索，那么搜索到的结果就包含双引号中的内容，且文字顺序也是匹配的。例如，在搜索引擎中输入带有双引号的"物流术语"，就会返回网页中有"物流术语"这个关键词的结果，而不会返回"物流××术语"这个关键词的结果。

2. 加号的运用

若在关键词间使用加号，表示搜索同时包含多个关键词的内容。例如，审计人员做尽职调查时想查 2021 年造纸行业的数据，在搜索引擎中输入"造纸＋行业＋2021"，就表示要查找的内容必须同时包含"造纸""行业""2021"这三个关键词。

3. 减号的运用

若在关键词间输入减号，表示搜索包含减号前的关键词，但不包含减号后的关键词的内容。运用此方法时需注意，减号前面必须是空格，减号后面没有空格，要紧跟着需要排除的词。例如，审计人员做尽职调查时想查 2021 年以前造纸行业的数据，在搜索引擎中输入"造纸行业－2021 年"，就表示要查找的内容不包含"2021年"这个关键词。

4. 文件类型搜索

若要限制搜索结果的文件类型，审计人员可使用"filetype"，如在百度搜索引擎中输入"filetype:pdf 造纸行业数据"，可搜索有关造纸行业数据的 PDF 文档。审计人员还可以搜索其他文件类型，如输入 "filetype:doc" "filetype:ppt" "filetype:*ls" 等，注意其中的冒号为英文的冒号。

5. 指定网站搜索

若要指定在某网站搜索，审计人员可使用 "site"，如在百度搜索引擎中输入 "造纸行业数据 site: chinapaper.net"，则代表在中纸网搜索有关信息。需注意的是，"数据"与 "site"之间有一个空格，且冒号是英文的冒号，网站名称中也不用加 "www."。

（二）数据库

审计人员除了利用搜索引擎查找资料外，还可利用数据库查找资料。目前研究用的数据库主要分为三大类，一是商业数据库，二是学术数据库，三是共享文库。

1. 商业数据库

商业数据库是审计人员做尽职调查、决策风险合规审计、投资项目合规评价时常用的工具，可用于查询行业数据，并可在审计人员研究行业发展方向、判断投资回报是否异常等方面起到重要的作用。

国内商业数据库主要有万德数据库、恒生聚源数据库、锐思数据库、CSMAR 数据库、巨潮数据库等；国外商业数据库主要有 CEIC、OECD、Haver Database、Thomson Financial One Banker 等。

2. 学术数据库

学术数据库基本为高校、研究机构所用，分为国内学术数据库与国外学术数据库两大类。学术数据库中的一些学术论文、行业数据、统计年鉴是审计人员学习的资料，同时也可以作为同类审计项目的参考资料。

国内学术数据库主要有万方数据库、维普资讯数据库、中宏数据库等；国外学术数据库主要有 EBSCO、Elsevier 等。

3. 共享文库

共享文库也是审计人员获取资料的不错来源，审计人员可在其中查询一些制度性文件。常见的共享文库有百度文库、豆丁文库、爱问共享、道客巴巴、MBA 智库、IT168 文库、CSDN 文库、新浪地产网、Scribd、Docstoc 等。

第 三 章

法规关注领域合规审计

合规审计是识别风险的重要手段之一，需要从风险防控角度出发，以法律和法规作为行为准则，以企业规章制度为抓手，以合规审核为重点，以依法治企为目标，运用专业的内部审计调查方法和规范程序做事前预防、事中控制、事后追责，因此，合规审计既要关注外部监管层面的合规性，也要关注企业内部层面的合规性。

从外部法规关注和监管的重点来看，合规审计需要关注的重点领域包括对外担保、反垄断、商业贿赂、知识产权、数据安全、关联交易等方面的合规情况。

第一节
对外担保合规审计

对外担保是企业运营中的高风险领域，特别是上市公司，可能涉及大额的对外担保，其合规审计需要特别关注授权审批、风险分析等内容。

一、对外担保合规义务清单

对外担保是指企业作为担保人按照公平、自愿、互利的原则与债权人约定，当债务人不履行债务时，依照法律规定和合同约定承担相应法律责任的行为。担保涉及担保申请、担保风险评估和决策、担保期间监控、担保终止等环节。担保作为企业间融资保障的一种行为，是企业重大决策内容之一，特别是上市公司，一旦发生违规担保，波及范围广、影响大，因此对外担保是外部合规监管的重点。

对外担保合规审计的第一步是梳理对外担保合规义务清单（见表3-1），并通过该清单检查企业对外担保是否符合国家相关法律法规。

表 3-1　对外担保合规义务清单

合规义务台账		合规审计符合项
法律法规名称	条款	
《公司法》	第十六条："公司向其他企业投资或者为他人提供担保，依照公司章程的规定，由董事会或者股东会、股东大会决议；公司章程对投资或者担保的总额及单项投资或者担保的数额有限额规定的，不得超过规定的限额。公司为公司股东或者实际控制人提供担保的，必须经股东会或者股东大会决议。前款规定的股东或者受前款规定的实际控制人支配的股东，不得参加前款规定事项的表决。该项表决由出席会议的其他股东所持表决权的过半数通过。"	
	第一百零四条："本法和公司章程规定公司转让、受让重大资产或者对外提供担保等事项必须经股东大会作出决议的，董事会应当及时召集股东大会会议，由股东大会就上述事项进行表决。"	
	第一百二十一条："上市公司在一年内购买、出售重大资产或者担保金额超过公司资产总额百分之三十的，应当由股东大会作出决议，并经出席会议的股东所持表决权的三分之二以上通过。"	
《上市公司监管指引第 8 号》	上市公司对外担保必须经董事会或者股东大会审议，其权限及审议程序由公司章程进展明确。但以下情形必须由股东大会决议： 1.上市公司及其控股子公司的对外担保总额，超过最近一期经审计净资产 50% 以后提供的任何担保； 2.为资产负债率超过 70% 的担保对象提供的担保； 3.单笔担保额超过最近一期经审计净资产 10% 的担保； 4.对股东、实际控制人及其关联方提供的担保	

（续表）

合规义务台账		合规审计符合项
法律法规名称	条款	
《上市公司监管指引第8号》	董事会及股东大会的决策程序 1. 审批程序。应由董事会审批的对外担保，必须经出席董事会的三分之二以上董事审议同意并做出决议；应由股东大会审批的对外担保，必须经董事会审议通过后，方可提交股东大会审批。董事会董事涉及与决议事项有关联关系的，还应当依据公司法第一百二十四条规定回避 2. 回避制度。股东大会在审议为股东、实际控制人及其关联方提供的担保议案时，该股东或受该实际控制人支配的股东，不得参与该项表决，该项表决由出席股东大会的其他股东所持表决权的半数以上通过 3. 其他议事规则和表决程序，法律法规未规定的，由公司章程载明	
	上市公司对外担保的信息披露：上市公司董事会或股东大会审议批准的对外担保，必须在中国证监会指定信息披露报刊上及时披露，披露的内容包括董事会或股东大会决议、截至信息披露日上市公司及其控股子公司对外担保总额、上市公司对控股子公司提供担保的总额	
	上市公司的控股子公司对外担保：上市公司控股子公司的对外担保，比照上市公司对外担保的规定执行。上市公司控股子公司的有关信息披露义务，应在其董事会或股东大会做出决议后及时通知上市公司履行	
《上海证券交易所股票上市规则（2022年1月修订）》	上市公司发生"提供担保"交易事项，除应当经全体董事的过半数审议通过外，还应当经出席董事会会议的三分之二以上董事审议通过，并及时披露 担保事项属于下列情形之一的，还应当在董事会审议通过后提交股东大会审议： 1. 单笔担保额超过上市公司最近一期经审计净资产10%的担保； 2. 上市公司及其控股子公司对外提供的担保总额，超过上市公司最近一期经审计净资产50%以后提供的任何担保；	

（续表）

合规义务台账		合规审计符合项
法律法规名称	条款	
《上海证券交易所股票上市规则（2022年1月修订）》	3. 上市公司及其控股子公司对外提供的担保总额，超过上市公司最近一期经审计总资产30%以后提供的任何担保； 4. 按照担保金额连续12个月内累计计算原则，超过上市公司最近一期经审计总资产30%的担保； 5. 为资产负债率超过70%的担保对象提供的担保； 6. 对股东、实际控制人及其关联人提供的担保； 7. 本所或者公司章程规定的其他担保； （上市公司股东大会审议前款第4项担保时，应当经出席会议的股东所持表决权的三分之二以上通过。） 8. 对于达到披露标准的担保，如果被担保人于债务到期后15个交易日内未履行还款义务，或者被担保人出现破产、清算或者其他严重影响其还款能力的情形，上市公司应当及时披露	
《公司内部控制应用指引第12号——担保业务》	第三条 企业办理担保业务至少应当关注下列风险： 1. 对担保申请人的资信状况调查不深，审批不严或越权审批，可能导致企业担保决策失误或遭受欺诈； 2. 对被担保人出现财务困难或经营陷入困境等状况监控不力，应对措施不当，可能导致企业承担法律责任； 3. 担保过程中存在舞弊行为，可能导致经办审批等相关人员涉案或企业利益受损	

二、对外担保风险清单

审计人员在确认完对外担保事项是否符合国家相关法律法规后，应将企业内部制定的相关制度，如《企业对外担保制度》《资金管理办法》中的条款与国家相关法律法规进行比对，判断其是否存在与国家相关法律法规有冲突的地方，如果存在，那么应及时要求相关部门修改企业内部制度。

对外担保合规审计的第二步是梳理企业制定的对外担保制度，建立对外担保风险清单（见表 3-2），并对具体业务流程是否符合相关制度进行穿行测试。

表 3-2　对外担保风险清单

企业制度	主要业务活动		评估条件	合规审计风险评估结果
《企业对外担保制度》《资金管理办法》	担保评估与审批	仅接受经过书面申请的担保	要求申请担保的单位提交书面申请	1. 企业制定了担保政策，明确了担保的对象、范围、条件、程序、限额和禁止担保的事项，定期检查担保政策的执行情况及效果 2. 企业主管部门在接受担保事项时，应要求申请担保的单位提交书面申请，担保申请资料包括担保合同与反担保合同草稿、被担保人资信材料、经注册会计师审计并加盖其印章的资产负债表和利润表、担保事项说明材料，涉及项目的担保还应提供担保项目的可行性研究报告及批准文件	
		资信调查及申请资料审核	审核申请资料，并对担保申请单位的资信情况进行调查；法律部门（岗位）出具意见书	1. 企业主管部门对担保业务进行风险评估，确保担保业务符合国家相关法律法规和本单位的担保政策，防范担保业务风险 2. 企业主管部门对担保申请单位是否符合担保政策进行审查，并会同相关部门对担保申请单位的资信情况和担保事项进行调查，对所收取的相关资料进行审核并提出审核意见。其中，法律部门（岗位）要对主合同、担保合同与反担保合同条款进行审查并出具意见书	
		担保经过适当审批	总部/上级主管部门审批	企业主管部门将审核意见、法律意见书及担保申请材料报相关领导按职责权限审定，经审定同意的担保应以文件形式上报总部/上级主管部门，上报资料应附全部要件	

（续表）

企业制度	主要业务活动			评估条件	合规审计风险评估结果
《企业对外担保制度》《资金管理办法》	担保评估与审批	担保合同经过审核后签订	法务、商务审批；合同备案	企业主管部门收到总部／上级主管部门同意担保的批复后，应会同法律、财会等部门对担保合同和反担保合同进行审核，报相关领导按职责权限签署合同。担保合同和反担保合同应在法律和财会部门备案	
	担保执行	追踪担保事项进展	定期取得被担保单位资信状况信息，对反担保财产及其他相关情况实施追踪	企业主管部门要求被担保人按月提供主合同履行情况的书面报告，以及被担保人月度财务报表，同时对被担保人在担保期内的反担保财产及其他相关情况实施追踪，按月记录	
		定期汇报		企业主管部门每季度应向企业分管领导汇报担保追踪情况	
		及时、恰当处理异常事项	企业主管部门会同法律部门制定应对措施；及时向总部／上级主管部门汇报	企业主管部门发现被担保人未按约定履行主合同，或者担保期内主合同发生变更或终止，可能导致企业承担连带责任时，应会同法律部门提出应对措施，报企业办公会批准后实施，同时应将相关情况及时向总部／上级主管部门汇报	
		合理估算或有负债	合理估算可能形成的或有负债	企业财会部门根据被担保人履约情况及主管部门对担保事项的追踪情况记录，合理估算可能形成的或有负债，报相关领导按职责权限审定，然后报总部／上级主管部门批准后依据会计准则处理	

（续表）

企业制度	主要业务活动			评估条件	合规审计风险评估结果
《企业对外担保制度》《资金管理办法》	担保终止与档案管理	及时终止担保事项	及时终止担保关系	担保合同终止后，企业主管部门全面清理用于担保的财产和权利凭证，按照合同约定，及时终止担保关系，并对担保管理情况进行书面总结	
		担保档案完整	及时归档	企业主管部门对担保合同及相关资料统一存档	
	监督检查	担保内部控制符合企业规定	定期或不定期检查	1. 企业建立了担保业务内部控制制度，明确了监督检查机构或人员的职责权限，定期或不定期地进行检查 2. 监督检查的内容主要包括以下事项 （1）担保业务相关岗位及人员的设置情况。重点检查是否存在担保业务不相容职务混岗的现象 （2）担保业务授权批准制度的执行情况。重点检查担保对象是否符合规定，担保业务评估是否科学合理，担保业务的审批手续是否符合规定，是否存在越权审批的行为 （3）担保业务的审批情况。重点检查担保业务审批过程是否符合规定的程序 （4）担保业务监测报告制度的落实情况。重点检查对被担保人财务风险及被担保事项的实施情况是否定期提交监测报告，以及反担保财产的安全、完整是否得到保证 （5）担保合同到期是否及时办理终止手续	

（续表）

企业制度	主要业务活动		评估条件	合规审计风险评估结果
《企业对外担保制度》《资金管理办法》	监督检查	完善薄弱环节	查明原因，采取措施	1.监督检查部门将监督检查过程中发现的担保业务内部控制中的薄弱环节及时报告给分管领导，相关部门负责查明原因，采取措施加以纠正和完善 2.监督检查部门按照企业内部管理权限报告担保业务内部控制监督检查情况和有关部门的整改情况	

三、对外担保重点环节合规审计

对外担保合规审计的第三步是根据对外担保风险清单及穿行测试的风险评估结果，制定有针对性的审计方案并开展有的放矢的合规审计工作。

（一）对外担保合规审计目标

（1）检查企业担保申请是否经过有效审批，能否有效控制担保风险。

（2）检查企业是否通过合同或协议明确相关方的权利与义务，控制担保风险。

（3）检查企业是否有效监控担保业务，防范资产损失。

（4）检查企业是否按照规定清偿债务，及时进行权利追索，减少损失。

（5）检查企业能否及时发现担保业务薄弱环节，优化担保流程。

（二）对外担保合规审计方案

对外担保合规审计方案如表 3-3 所示。

表 3-3　对外担保合规审计方案

审计重点环节	审计重点目标	工作重点	所需资料
担保申请的受理与审批	检查担保申请是否经过有效审批，公司能否有效控制担保风险	检查公司是否依据担保相关法律法规和公司章程制定本公司担保管理制度，明确担保的对象、范围、方式、条件、程序、限额和禁止担保的事项，并经财务总监审核、总经理办公会审议，报董事会审批	担保管理制度、担保申请、担保调查报告
		检查财务部负责人是否按照公司担保管理制度初步判断担保申请人是否属于可以提供担保的对象，担保申请人资料是否完备，进而判断是否受理担保申请	
		检查财务部负责人受理担保申请，是否在报总经理批准后，自行组织或聘请中介机构对担保申请人进行资信调查，对担保事项进行风险评估，编制担保调查报告作为担保申请的附件；要求担保申请人提供反担保的，是否对与反担保有关的资产状况进行评估，并取得资产权利凭证正本	
		检查担保申请是否经总经理、董事长、董事会、股东大会根据权限审批	
		检查担保事项发生变更时，是否重新实施上述程序	
担保合同管理	检查公司是否通过合同或协议明确相关方的权利与义务，控制担保风险	检查合同签订是否符合流程：担保经办人与债权人、债务人谈判，填写担保合同相关条款；财务、审计、行政等部门相关人员及总经理、董事长在合同审批表上会签，公司法定代表人自行或授权签订担保合同	担保合同、合同审批表、合同履行台账
		检查合同履行是否符合流程：财务部跟踪担保合同的履行情况，建立合同履行台账，详细记录担保对象、金额、期限、用于抵押或质押的物品或权利、合同终止及其他有关事项，定期报总经理审阅	
		检查合同保管是否符合规定：行政部将合同原件编号，归档保管；财务部、审计部分别保管一份合同复印件；行政部确保合同原件与复印件一致	

（续表）

审计重点环节	审计重点目标	工作重点	所需资料
担保日常监控和管理	检查公司能否有效监控担保业务，防范资产损失	检查财务部是否指定专人对担保业务进行日常监控和管理，定期取得担保申请人的财务报告、相关资料及担保事项的实施情况资料，分析担保申请人的经营和财务状况，监测担保项目的执行、资金的使用、贷款的归还、反担保资产管理等情况，出具担保业务监控报告，提交财务部负责人审阅	担保业务监控报告
		检查对于担保业务中的异常情况和重要信息，财务部负责人是否及时向总经理等相关领导汇报，并根据领导意见采取相应的措施	
代为清偿及权利追索	检查公司是否按照规定清偿债务，及时进行权利追索，减少损失	检查被担保人未履行合同义务、未按照约定偿还债务时，财务部是否根据担保合同约定拟定清偿、索赔方案，并经行政部合同专员审核，总经理、董事长、董事会根据权限审批	清偿、索赔方案
		检查财务部是否按照清偿、索赔方案代被担保人清偿债务	
		检查行政部合同专员、财务部是否按照清偿、索赔方案，依法向被担保人追索赔偿权利；存在反担保的情况下，行政部、财务部是否依法处置被担保人的反担保财产，减少公司经济损失	
担保后评估	检查公司能否及时发现担保业务薄弱环节，优化担保流程	检查担保业务完成后，审计部是否组织财务部、行政部等对担保业务中出现的重大问题进行责任追究，并对担保业务的受理审批、合同管理、日常监控、代为清偿和权利追索等相关流程进行评估和分析，及时发现担保业务管理中的薄弱环节，提出整改措施，明确整改责任人和整改期限，编制担保评估报告，报总经理审阅	担保评估报告

四、总结

对外担保合规审计的重点很明确，要关注被审计单位是否建立了符合国家法律规定的、完善的担保制度，是否建立了严格的岗位责任制度，是否建立了合适的授权审批制度，尤其要关注上市公司是否违规向关联方提供担保，担保是否及时对外披露及披露事项是否正确。

第二节
反垄断合规审计

2021 年 1 月 2 日，国家市场监督管理总局发布了《中华人民共和国反垄断法》（以下简称《反垄断法》）修订草案；同年 11 月 18 日，国家反垄断局挂牌成立，显示出国家对反垄断工作的高度重视。

一、反垄断合规义务清单

2020 年 9 月 18 日，国家市场监督管理总局反垄断局官网发布了《经营者反垄断合规指南》。该文件第三条规定，合规管理工作包括开展"制度制定、风险识别、风险应对、考核评价、合规培训等管理活动"。因此，企业要建立有效的反垄断合规体系和制度，首先要能够完整和准确地识别自身面临的反垄断风险，然后进行有针对性的体系和制度设计。

《反垄断法》规定的垄断行为如下。

（1）经营者达成垄断协议。这一般是指企业间订立的排除、限制竞争的协议或采取的协同行为，也被称为"卡特尔""限制竞争协议""不正当交易限制"等，主要包括固定价格、限制产量或分割市场、联合抵制交易等横向垄断协议，以及转售价格维持、限定销售区域和客户或排他性安排等纵向垄断协议。

（2）经营者滥用市场支配地位。这一般是指具有市场支配地位的企业没有正当理由，凭借该地位实施排除、限制竞争的行为，一般包括销售或采购活动中的不公平高价或低价、低于成本价销售、附加不合理或不公平的交易条款和条件、独家或限定交易、拒绝交易、搭售、歧视性待遇等行为。企业具有市场支配地位本身并不违法，只有滥用市场支配地位才构成违法。

（3）具有或可能具有排除、限制竞争效果的经营者集中。这一般是指企业合并、收购、合营等行为。经营者集中本身并不违法，但对于具有或可能具有排除、限制竞争效果的经营者集中，可能被禁止或附加限制性条件批准。

反垄断合规审计的第一步是梳理反垄断合规义务清单（见表3-4），并通过该清单检查企业经营是否符合国家相关法律法规。

表 3-4　反垄断合规义务清单

合规义务台账		合规审计符合项
法律法规名称	类别	
《反垄断法》（2022年修订版）	法律	
《经营者反垄断合规指南》	合规指引	
《国务院反垄断委员会关于平台经济领域的反垄断指南》	国务院反垄断委员会指南	
《公平竞争审查制度实施细则》	国家市场监管总局规章及规范性文件	
《最高人民法院关于审理因垄断行为引发的民事纠纷案件应用法律若干问题的规定》	司法解释	
《价格违法行为行政处罚规定》（修订版）	—	
《市场监督管理行政处罚案件违法所得认定办法》	—	
《中华人民共和国行政处罚法》（2021年修订版）	相关程序性法律文件	

（续表）

合规义务台账		合规审计符合项
法律法规名称	类别	
《市场监督管理行政处罚程序规定》（2021 修正）	相关程序性法律文件	
《市场监督管理行政处罚听证办法》（2021 修正）	相关程序性法律文件	
《市场监督管理行政处罚信息公示规定》	相关程序性法律文件	
《市场监督管理行政处罚文书格式范本》（2021 年修订版）	相关程序性法律文件	

二、反垄断风险清单

企业在建立反垄断合规体系和制度时，需要考量自身面临的主要反垄断风险。不同企业面临的竞争环境不同，不同企业业务经营方式也不尽相同。

反垄断合规审计的第二步是梳理企业制定的反垄断相关制度，建立反垄断风险清单（见表 3-5），并对具体业务流程是否符合相关制度进行穿行测试。

表 3-5　反垄断风险清单

企业制度	主要风险		控制活动	合规审计风险评估结果
反垄断合规管理制度	垄断风险	固定价格引起的垄断风险	固定或变更价格水平、价格变动幅度、利润水平或折扣、手续费等其他费用；约定采用据以计算价格的标准公式；限制参与协议的经营者的自主定价权等	嵌入销售环节内控管理	
		限制生产或销售数量引起的垄断风险	以限制产量、固定产量、停止生产等方式限制商品的生产数量或限制特定品种、型号商品的生产数量；以限制商品投放量等方式限制商品的销售数量或限制特定品种、型号商品的销售数量等	嵌入销售和生产环节内控管理	

（续表）

企业制度	主要风险		控制活动	合规审计风险评估结果
反垄断合规管理制度	垄断风险	分割销售市场或原材料采购市场引起的垄断风险	划分商品销售地域、市场份额、销售对象、销售收入、销售利润或销售商品的种类、数量；划分原料、半成品、零部件、相关设备等原材料的采购区域、种类、数量、时间或供应商等	嵌入销售环节内控管理	
		联合抵制交易引起的垄断风险	联合拒绝向特定经营者供应或销售商品，联合拒绝采购或销售特定经营者的商品，联合限定特定经营者不得与其具有竞争关系的经营者进行交易等		
		限制购买新技术、新设备或者限制开发新技术、新产品引起的垄断风险	限制购买、使用新技术、新工艺，限制购买、租赁、使用新设备、新产品，限制投资、研发新技术、新工艺、新产品，拒绝使用新技术、新工艺、新设备、新产品等	嵌入生产和研发环节内控管理	
		竞争者之间的敏感信息交换引起的垄断风险	当竞争者之间交换竞争性敏感信息并采取了一致行为时，有可能被认定为垄断。竞争性敏感信息一般包括价格，折扣和折扣政策，招投标方案或策略，客户，市场区域，供应商，销售条款或条件，与客户谈判的政策或策略，收益、利润或利润率，市场份额，销售、营销、广告/促销的策略或成本，市场、供求、价格趋势等数据，业务扩张/收缩计划，研发项目、策略或成本，生产能力、产量或成本，生产和销售产品的数量、库存等可被用于削弱有效竞争的信息	嵌入战略和销售环节内控管理	

（续表）

企业制度	主要风险			控制活动	合规审计风险评估结果
反垄断合规申报制度	垄断风险	联合生产、联合采购、联合销售引起的垄断风险	1.联合生产是指经营者为优化产能、节约成本，通过设立合营企业、签订分包协议、委托分包商等方式从事共同生产的行为 2.联合采购是指经营者为节约成本，提升在采购市场的议价能力，通过组成企业联盟，或大型集团将其与第三方设立的合资公司纳入其联合采购安排中等方式从事共同采购的行为 3.联合销售是指经营者通过共同设立合营企业，由合营企业负责多个经营者销售业务的方式，或者达成联合销售协议等方式进行共同销售的行为	嵌入战略和生产环节内控管理	
	经营者集中申报风险	申请批准前实施交易的风险	在获得有关监管机构批准之前实施达到申报门槛的经营者集中交易，或者没有落实有关监管机构为维持市场有效竞争提出的附带条件或措施，企业和个人需要承担相应的法律责任	规范经营者集中申报流程管理	
			在完成经营者集中申报之前，如果标的企业的经营管理控制权已实质性转移至买方，即便未完成所有交割程序，也有可能构成经营者集中实际上提前实施的违法行为，企业和个人需要承担相应的法律责任		
		申报信息过程中的违法风险	经营者在申报过程中故意隐瞒重要信息，未能按时提供相关信息，或者提交虚假或误导性的信息，有关监管机构可以不予受理，或者撤销有关决定，并可追究企业和相关个人的法律责任		

（续表）

企业 制度		主要风险		控制活动	合规审计风 险评估结果
合同 管理 制度、 商誉 及 对外 披露 管理 制度	商业 及商 誉风 险	交易未能顺利 交割的风险	对于争议性较大或较复杂的交易，有可能需要同时在多个国家及地区进行申报，这不单会增加交割的不确定风险，还会产生更多交易费用。若有关监管机构提出审批附带条件或要求落实维持有效竞争的救济措施，则会对经营者的业务、经营管理带来直接的商业风险	嵌入合同审批流程管理	
		合同违约风险	由于经营者集中申报存在诸多不确定因素，企业在拟定具体交易合同条款时，需要特别关注经营者集中申报的风险。如果无法获得审批，企业不仅会产生交易费用上的损失，还可能需要承担高额赔偿责任及其他违约责任		
		商业敏感信息交流或泄露的风险	经营者集中申报信息涉及交易各方的商业敏感信息，包括没有被公开的营业额信息、主要供应商和客户信息等。若涉及竞争者之间的商业敏感信息被不当泄露，交易各方除了有可能违反《反垄断法》外，还可能存在业务、市场竞争能力等方面的商业风险	实行商业保密政策管理	
		违规经营者需要面临商誉受损的风险	对于未依法申报经营者集中的违规行为，有关监管机构可通过官方渠道进行公示，违规行为将为公众所知悉，将对违规经营者的商誉造成长远的重大不利影响	嵌入商誉及对外披露管理	

三、反垄断重点环节合规审计

反垄断合规审计的第三步是根据反垄断风险清单及穿行测试的风险评估结果，制定有针对性的审计方案并开展有的放矢的合规审计工作。

（一）反垄断合规审计目标

（1）检查企业是否存在反垄断合规风险（如横向垄断协议、纵向垄断协议、滥用市场支配地位）。

（2）检查企业是否背离合规管理体系。

（3）检查企业反垄断合规管理体系是否存在缺陷。

（4）检查企业制定的反垄断审查程序是否符合国家规定，准备资料和流程是否完善。

（二）反垄断合规审计方案

反垄断合规审计较其他常规的合规审计略有不同，反垄断风险涉及投资、并购、技术研发、产品定价、销售政策等企业经营的方方面面，因此反垄断合规审计更多的是采用建立反垄断体系、对照反垄断合规义务清单和反垄断风险清单进行定期点检的形式，一般不采用传统审计形式。

反垄断合规管理防控要点主要有三点。

（1）防范达成垄断协议。企业在经营管理过程中应当注意防范与其他具有竞争关系的经营者或交易相对人达成垄断协议。

（2）防范滥用市场支配地位。企业应当在判断其在相关市场内是否已经具备市场支配地位的前提下，分析其是否构成反垄断法相关规定所禁止的滥用市场支配地位的行为。

（3）依法进行经营者集中申报。经营者实施经营者集中行为之前，企业应当注意其集中规模是否达到所在地区的申报标准，如果达到相关标准，应当依法事先向相关反垄断执法机构申报，未申报的不得实施集中。反垄断合规审计方案如表3-6所示。

表 3-6　反垄断合规审计方案

审计重点环节	审计重点目标/程序	工作重点	所需资料
企业并购	是否符合《反垄断法》有关经营者集中的规定。我国将经营者集中分为需申报与不需申报两种情况，对于需申报的经营者集中，未申报者，不得实施集中	经营者集中有下列情形之一的，可以不向国务院反垄断执法机构申报： 1.参与集中的一个经营者拥有其他每个经营者百分之五十以上有表决权的股份或资产的； 2.参与集中的每个经营者百分之五十以上有表决权的股份或资产被同一个未参与集中的经营者拥有的	合并资料、集中申报批复、股权资料
	申报材料是否符合《反垄断法》第二十三条规定，即经营者向国务院反垄断执法机构申报集中应当提供法律所需资料	对照《反垄断法》的要求，检查申报材料的真实性、完整性、符合性，其中重点关注财务报表的真实性、市场竞争状况影响说明的符合性和完整性	经营者向国务院反垄断执法机构申报集中，应当提交下列文件、资料： 1.申报书； 2.集中对相关市场竞争状况影响的说明； 3.集中协议； 4.参与集中的经营者经会计师事务所审计的上一会计年度财务会计报告； 5.国务院反垄断执法机构规定的其他文件、资料
	《反垄断法》第二十五条规定，国务院反垄断执法机构作出决定前，经营者不得实施集中	重点检查相关事项申报时间、批准时间和具体业务的实施时间，检查是否有未批先实施的违规情况发生	申请、批复文件、合并相关文件

（续表）

审计重点环节	审计重点目标/程序	工作重点	所需资料
垄断协议	是否存在企业间订立排除、限制竞争的协议或采取协同行为而引发的垄断风险	是否签订固定价格、限制产量或分割市场、联合抵制交易等横向垄断协议，以及转售价格维持、限定销售区域和客户或排他性安排等纵向垄断协议	合作协议、合同
		是否存在与同业竞争者之间就产品或服务的价格、销售数量、客户划分、客户抵制等方面达成合谋，最终损害市场公平竞争和消费者的利益的行为	
滥用市场支配地位	企业具有市场支配地位，销售、采购、定价等政策是否存在不公平之处	是否存在销售或采购活动中的不公平高价或低价、低于成本价销售、附加不合理或不公平的交易条款和条件、独家或限定交易、拒绝交易、搭售、歧视性待遇等行为	销售合同、采购合同、附加条款、调价通知等

四、总结

　　《反垄断法》及相关配套法规是反垄断合规审计的指南，企业应尽早建立相适宜的反垄断合规管理制度，将反垄断合规纳入企业合规制度中，明确合规工作职责和负责人，根据自身规模、所处行业特性、市场情况等识别可能存在的经营者集中申报、垄断协议和滥用市场支配地位等反垄断风险，避免存在垄断行为造成企业经济或声誉损失。

第三节
商业贿赂合规审计

商业贿赂是违法行为，通常情况下，商业贿赂由市场监督管理部门依法进行查处，但在满足一定条件的情况下，商业贿赂可能涉嫌刑事犯罪。

一、商业贿赂概述

（一）商业贿赂的定义

根据《关于禁止商业贿赂行为的暂行规定》，商业贿赂是指经营者为销售或者购买商品而采用财物或者其他手段贿赂对方单位或者个人的行为。商业贿赂中的"财物"，包括经营者为销售或者购买商品，假借促销费、宣传费、赞助费、科研费、劳务费、咨询费、佣金等名义，或者以报销各种费用等方式，给付对方单位或者个人的财物。商业贿赂中的"其他手段"，是指提供国内外各种名义的旅游、考察等给付财物以外的其他利益的手段。

（二）商业贿赂的特征

商业贿赂的主体是经营者及受经营者派遣的人；商业贿赂涉及双方，分为行贿方和受贿方；商业贿赂的目的是争取市场交易机会；商业贿赂的行为包括私下暗中给予他人财物和其他好处的行为，且达到一定数额。

（三）需关注的商业贿赂高风险行业

商业贿赂行为常出现在竞争激烈的商业服务、大宗买卖、房地产、建筑等行业，部分企业通过贿赂取得不正当的竞争优势，危害了行业的良性发展。

（1）医药及医疗器械行业，常见于医药企业代表和医务人员之间的商业贿赂行为，主要贿赂形式为医疗药品和用品回扣、劳务费、新药新器械推荐费。

（2）金融行业，常见于企业相关人员和银行行长或者审批负责人之间的商业贿赂行为，主要贿赂形式为贷款发放核销、贷款中的回扣、赠送现金和购物券。

（3）建筑行业，常见于项目投标人与有权审批人、陪标企业之间的商业贿赂行为，主要贿赂形式为项目回扣、现金、咨询费、赞助费。

（4）零售行业，常见于供应商与商超采购人员、负责人之间的商业贿赂行为，主要贿赂形式为进场费、上架费、回扣等。

（四）商业贿赂的主要形式

随着市场经济的不断发展，商业贿赂的形式也越来越多，从直接送钱送物发展到送服务，以及安排出国考察、旅游度假、子女到境外读书等，手段也越来越隐蔽。

1. 现金及礼品贿赂

直接以现金、礼品等有价物品进行贿赂，是商业贿赂的直接形式，一般表现为简单的给付与接受关系。

《中华人民共和国反不正当竞争法》（以下简称《反不正当竞争法》）第七条第（一）款规定："经营者不得采用财物或者其他手段贿赂下列单位或者个人，以谋取交易机会或者竞争优势。"《中华人民共和国刑法》（以下简称《刑法》）第一百六十四条第（一）款规定："为谋取不正当利益，给予公司、企业或者其他单位的工作人员以财物，数额较大的，处三年以下有期徒刑或者拘役；数额巨大的，处三年以上十年以下有期徒刑，并处罚金。"

2. 回扣

回扣是指企业经营者在销售商品时，通过暗中以现金、实物或其他方式退给对方单位或个人的一定比例的商品价款。这种回扣与正常的商业回扣有显著区别，未在对方单位依法设立的反映生产经营活动收支的账户上反映，未按照会计制度规定如实记载。

《反不正当竞争法》第七条第（二）款规定："经营者向交易相对方支付折扣、向中间人支付佣金的，应当如实入账。接受折扣、佣金的经营者也应当如实入账。"《国家工商行政管理局关于禁止商业贿赂行为的暂行规定》第六条规定："经营者销售商品，可以以明示方式给予对方折扣。经营者给予对方折扣的，必须如实入账；经营者或者其他单位接受折扣的，必须如实入账。"

3. 各种名目的手续费

各种名目的手续费是指在经济活动中，除回扣外其他违反国家规定支付给对方或其工作人员的各种名义的费用，如顾问费、信息费、赞助费、劳务费、推荐费等。

《刑法》第一百六十三条第（二）款规定："公司、企业或者其他单位的工作人员在经济往来中，利用职务上的便利违反国家规定，收受各种名义的回扣、手续费，归个人所有的，依照前款的规定处罚。"《关于在治理商业贿赂专项工作中正确把握政策界限的意见》第二条第（七）款规定："通过赌博，以及假借促销费、宣传费、广告费、培训费、顾问费、咨询费、技术服务费、科研费、临床费等名义给予、收受财物或者其他利益，以提供、获取交易、服务机会、优惠条件或者其他经济利益的，属于商业贿赂。"

4. 暗中给予佣金或报酬

正常的佣金是指经营者销售或者购买商品时，以明示方式支付给中间人的劳务报酬。暗中给予的佣金是不计入正常的会计账目的，账外暗中给予的佣金，属于商业贿赂。

《关于在治理商业贿赂专项工作中正确把握政策界限的意见》第二条第（六）款规定："佣金与商业贿赂的界限。商业活动中，可以以明示并如实入账的方式，给予为其提供服务、具有合法经营资格的中间人劳务报酬。在账外暗中给予、收受中介费的，属于商业贿赂。"

5. 附赠

商业贿赂可能体现为利用商业惯例中赠送小额广告礼品的方式，赠送价值较大的赠品给特定人员，且附赠花样层出不穷。许多附赠行为已对公平、公正、公开竞争的市场秩序构成危害或威胁。

《关于在治理商业贿赂专项工作中正确把握政策界限的意见》第二条第（六）款规定："附赠与商业贿赂的界限。商业活动中，可以依据商业惯例送小额广告礼品。违反规定以附赠形式向对方单位及其有关人员给予现金或者物品的，属于商业贿赂。"

6. 旅游、考察等其他形式

以旅游、考察等名义间接给付财物，是一种隐蔽的商业贿赂形式。

《国家工商行政管理局关于禁止商业贿赂行为的暂行规定》第二条第四款规定："其他手段，是指提供国内外各种名义的旅游、考察等给付财物以外的其他利益的手段。"

商业贿赂合规审计的第一步是梳理商业贿赂合规义务清单（见表3-7），并通过该清单检查企业经营是否符合国家相关法律法规。

表 3-7　商业贿赂合规义务清单

合规义务台账		合规审计符合项
法律法规名称	条款	
《反不正当竞争法》	第七条："经营者不得采用财物或者其他手段贿赂下列单位或者个人，以谋取交易机会或者竞争优势：（一）交易相对方的工作人员；（二）受交易相对方委托办理相关事务的单位或者个人；（三）利用职权或者影响力影响交易的单位或者个人。"	
《关于办理商业贿赂刑事案件适用法律若干问题的意见》	"商业贿赂犯罪涉及刑法规定的以下八种罪名：（1）非国家工作人员受贿罪；（2）对非国家工作人员行贿罪；（3）受贿罪；（4）单位受贿罪；（5）行贿罪；（6）对单位行贿罪；（7）介绍贿赂罪；（8）单位行贿罪。"	
《中华人民共和国刑法修正案（七）》《中华人民共和国刑法修正案（八）》《中华人民共和国刑法修正案（九）》	（1）《中华人民共和国刑法修正案（七）》第三百八十八条之一："国家工作人员的近亲属或者其他与该国家工作人员关系密切的人，通过该国家工作人员职务上的行为，或者利用该国家工作人员职权或者地位形成的便利条件，通过其他国家工作人员职务上的行为，为请托人谋取不正当利益，索取请托人财物或者收受请托人财物，数额较大或者有其他较重情节的，处三年以下有期徒刑或者拘役，并处罚金；数额巨大或者有其他严重情节的，处三年以上七年以下有期徒刑，并处罚金；数额特别巨大或者有其他特别严重情节的，处七年以上有期徒刑，并处罚金或者没收财产。离职的国家工作人员或者其近亲属以及其他与其关系密切的人，利用该离职的国家工作人员原职权或者地位形成的便利条件实施前款行为的，依照前款的规定定罪处罚。"	

（续表）

合规义务台账		合规审计符合项
法律法规名称	条款	
《中华人民共和国刑法修正案（七）》《中华人民共和国刑法修正案（八）》《中华人民共和国刑法修正案（九）》	（2）《中华人民共和国刑法修正案（八）》第一百六十四条："为谋取不正当利益，给予公司、企业或者其他单位的工作人员以财物，数额较大的，处三年以下有期徒刑或者拘役；数额巨大的，处三年以上十年以下有期徒刑，并处罚金。为谋取不正当商业利益，给予外国公职人员或者国际公共组织官员以财物的，依照前款的规定处罚。单位犯前两款罪的，对单位判处罚金，并对其直接负责的主管人员和其他直接责任人员，依照第一款的规定处罚。行贿人在被追诉前主动交代行贿行为的，可以减轻处罚或者免除处罚。" （3）《中华人民共和国刑法修正案（九）》第一百六十四条第一款："为谋取不正当利益，给予公司、企业或者其他单位的工作人员以财物，数额较大的，处三年以下有期徒刑或者拘役，并处罚金；数额巨大的，处三年以上十年以下有期徒刑，并处罚金。"第三百九十二条第一款："向国家工作人员介绍贿赂，情节严重的，处三年以下有期徒刑或者拘役，并处罚金。"第三百九十三条："单位为谋取不正当利益而行贿，或者违反国家规定，给予国家工作人员以回扣、手续费，情节严重的，对单位判处罚金，并对其直接负责的主管人员和其他直接责任人员，处五年以下有期徒刑或者拘役，并处罚金。因行贿取得的违法所得归个人所有的，依照本法第三百八十九条、第三百九十条的规定定罪处罚。"	
《国家工商行政管理局关于禁止商业贿赂行为的暂行规定》	全文	

二、商业贿赂风险清单

商业贿赂的危害性非常大，其破坏了市场经济的公平性，扰乱了市场经济秩序，滋生了腐败行为，因此，企业涉嫌商业贿赂将面临多重处罚风险。

商业贿赂风险的判定更多的是以国家相关法律法规为依据，以企业制定的廉洁自律制度为辅助，分为行贿风险和受贿风险。商业贿赂风险清单如表 3-8 所示。

表 3-8　商业贿赂风险清单

法规/政策	主要风险		应对措施	合规审计风险评估结果
企业廉洁自律政策（以国家相关法律法规为依据）	行贿罪	为谋取不正当利益，给予国家工作人员以财物的，是行贿罪	金额在 3 万元以上，或者金额在 1 万元~3 万元但有恶劣情节	禁止行贿
		在经济往来中，违反国家规定，给予国家工作人员以财物，数额较大的，或者违反国家规定，给予国家工作人员以各种名义的回扣、手续费的，以行贿论处		
	对单位行贿罪	为谋取不正当利益，给予国家机关、国有公司、企业、事业单位、人民团体以财物的，或者在经济往来中，违反国家规定，给予各种名义的回扣、手续费的，处三年以下有期徒刑或拘役，并处罚金	个人：金额在 10 万元以上，或者不满 10 万元但有恶劣情节	
			单位：金额在 20 万元以上，或者金额在 10 万元~20 万元，但有恶劣情节	

（续表）

法规 / 政策	主要风险			应对措施	合规审计风险评估结果
企业廉洁自律政策（以国家相关法律法规为依据）	单位行贿罪	单位为谋取不当利益而行贿，或者违反国家规定，给予国家工作人员以回扣、手续费，情节严重的，对单位判处罚罚金，并对其直接负责的主管人员和其他直接责任人员，处五年以下有期徒刑或拘役，并处罚金	金额在20万元以上，或者金额在10万元~20万元但有恶劣情节	禁止行贿	
	对有影响力的人行贿罪	为谋取不当利益，向国家工作人员的近亲属或其他与该国家工作人员关系密切的人，或者向离职的国家工作人员或其近亲属及其他与其关系密切的人行贿的，处三年以下有期徒刑或拘役，并处罚金	个人：金额在3万元以上，或者金额在1万元~3万元但有恶劣情节		
			单位：金额在20万元以上		
	对非国家机关工作人员行贿罪	为谋取不当利益，给予公司、企业或其他单位的工作人员以财物，数额较大的，处三年以下有期徒刑或拘役，并处罚金	个人：金额在6万元以上		
			单位：金额在20万元以上		
	单位受贿罪	国家机关、国有公司、企业、事业单位、人民团体，索取、非法收受他人财物，为他人谋取利益，情节严重的，对单位判处罚金，并对其直接负责的主管人员和其他直接责任人员，处五年以下有期徒刑或拘役	金额在10万元以上，或者不满10万元但有恶劣情节		
		前款所列单位，在经济往来中，在账外暗中收取各种名义的回扣、手续费的，以受贿论处，依照相关规定处罚			

（续表）

法规／政策	主要风险		应对措施	合规审计风险评估结果
企业廉洁自律政策（以国家相关法律法规为依据）	受贿罪	国家工作人员利用职务上的便利，索取他人财物的，或者非法收受他人财物，为他人谋取利益的，是受贿罪	禁止受贿	
		国家工作人员在经济往来中，违反国家规定，收受各种名义的回扣、手续费，归个人所有的，以受贿论处	金额在3万元以上，或者金额在1万元~3万元但有恶劣情节	
	非国家工作人员受贿罪	公司、企业或其他单位工作人员利用职务上的便利，索取他人财物或非法收受他人财物，为他人谋取利益，数额较大的，处五年以下有期徒刑或拘役	金额在6万元以上	
		公司、企业或其他单位工作人员在经济往来中，利用职务上的便利，违反国家规定，收受各种名义的回扣、手续费，归个人所有的，依照相关规定处罚		
	利用影响力受贿罪	国家工作人员的近亲属或者其他与该国家工作人员关系密切的人，通过该国家工作人员职务上的行为，或者利用该国家工作人员职权或地位形成的便利条件，通过其他国家工作人员职务上的行为，为请托人谋取不当利益，索取请托人财物或收受请托人财物，数额较大或有其他较重情节的行为	金额在3万元以上，或者金额在1万元~3万元但有恶劣情节	
		离职的国家工作人员或者其近亲属以及其他与其关系密切的人，利用该离职的国家工作人员原职权或者地位形成的便利条件实施不当行为的，依照相关规定定罪处罚		

（续表）

法规／政策		主要风险	应对措施	合规审计风险评估结果
企业廉洁自律政策（以国家相关法律法规为依据）	介绍贿赂罪	向国家工作人员介绍贿赂，情节严重的，处三年以下有期徒刑或拘役，并处罚金	介绍个人行贿，金额在2万元以上；介绍单位行贿，金额在20万元以上；或者不满上述标准，但有恶劣情节	禁止受贿	

三、商业贿赂重点环节合规审计

（一）商业贿赂合规审计目标

（1）检查相关人员是否存在商业贿赂风险。

（2）检查相关人员的行为是否背离了企业的合规管理体系，是否违背了廉洁自律的企业文化。

（3）检查相关人员的行为是否触犯了国家法律法规，是否造成了不良影响。

（二）商业贿赂合规审计方案

企业应当建立商业贿赂"零容忍"的企业文化，根据监管法规和自身情况，对公务接待、商务馈赠、佣金、费用等做出专门的规定，制定检查措施并坚决执行。商业贿赂合规审计方案如表3-9所示。

表 3-9　商业贿赂合规审计方案

审计重点环节	审计重点目标	工作重点	所需资料
佣金	检查相关行为是否违反正常佣金的规定，实质上构成了商业贿赂	了解给予佣金是否以明示的方式。对于已给予或接受佣金但没有记账的，是否提供能证明已明示的证据	双方签订的包含关于佣金支付相关事项约定的合同；关于佣金事项约定的会议记录；签收单；能证明已明示的邮件、传真等
		了解是否具备合法真实的业务凭证。经营者支付给中间人佣金的，必须如实入账，中间人接受佣金的，也必须如实入账。接受佣金的中介机构应将其计入主营业务收入，属兼营业务的列作其他业务收入，事业单位收取的佣金列作经营收入。支付佣金的企业依其用途列入销售费用或管理费用等科目，事业单位相应地列入有关支出科目	相关凭证及发票
		了解佣金给付的对象是否为中间人，中间人是否具有合法经营资格。中间人即非交易对方和交易双方的关联人，交易双方的关联人是指与交易双方不具有重大经营决策的决定权、显著影响、共同控制的个人或单位，其利用这种关系促成交易	通过公信系统获取的佣金人员的关系、企业关系图谱等相关资料
		了解中间人的服务行为是否真实发生	服务合同、发票、实物证据
		了解佣金金额是否超过国家的有关标准（支付给个人的佣金，除另有规定外，一般不得超过服务交易金额的 5%）	付款记录

（续表）

审计重点环节	审计重点目标	工作重点	所需资料
折扣	检查相关行为是否违反正常的商业折扣的规定，实质上构成了商业贿赂	了解折扣是否以明示方式表示并按照法规规定入账	相关折扣凭证等
		了解折扣是否作为本单位或个人的一种额外收益而私自存放或列入不正确的科目	
		了解销售商品或采购价格是否有异常变化	销售、采购合同，送货单，入库单，转账记录等
		检查是否存在虚签合同、虚构交易、多次转账等情况	

四、总结

商业贿赂是严重的违法行为。很多商业贿赂是通过虚列费用实施账务处理的，如列支服务费但没有提供服务、列支咨询费或顾问费但没有提供咨询等。因此，开展商业贿赂合规审计，要在细节上严格把关各类费用，重点审核费用背后业务的真实性。

对于回扣的审计，审计人员要注意检查单位的账户开立情况，必要时可检查单位职工个人开户情况和个人银行结算账户情况。对于实物回扣，受贿方一般不会入账，而形成账外资产，审计人员在审计时要结合盘点、观察、调查等方法来检查。

第四节
知识产权合规审计

　　企业的知识产权主要包括商标权、专利权和著作权等，企业在投融资、并购、技术引进、IPO 等环节可能涉及知识产权风险。因此，企业需要针对知识产权风险的具体特性，对自身的知识产权进行摸底排查，采取有针对性的应对措施，建立完整的知识产权取得、监控和维权机制，同时定期开展知识产权合规审计，避免知识产权侵权风险，也避免自身知识产权被侵权的风险。商业秘密和技术秘密是企业知识产权中的重要组成部分，企业建立商业秘密和技术秘密保护制度有利于保护商业秘密和技术秘密。

一、知识产权概述

（一）知识产权的定义

知识产权是基于人们对自己的智力活动创造的成果和经营管理活动中的标记、信誉依法享有的权利。它是一种私权，本质上是特定主体依法专有的无形财产权，其客体是人类在科学、技术、文化等知识形态领域所创造的精神产品。

（二）知识产权的范畴

2021 年 1 月 1 日起实施的《中华人民共和国民法典》（以下简称《民法典》）第一百二十三条规定："民事主体依法享有知识产权。知识产权是权利人依法就下列客体享有的专有的权利：作品；发明、实用新型、外观设计；商标；地理标志；商业秘密；集成电路布图设计；植物新品种；法律规定的其他客体。"

对一般企业而言，知识产权的重点领域在于以下几个方面：原料和设备采购中的专利技术、技术和产品开发中的发明专利、技术转让中的知识产权许可、委托加工中的商业秘密、产品销售中的商标权、招投标中的专利权、进出口贸易中的专利许可权等。

知识产权涉及范围较广，涉及法律条款较多，如在《中华人民共和国民法通则》（以下简称《民法通则》）、《民法典》《中华人民共和国专利法》（以下简称《专利法》）、《反不正当竞争法》中都有与知识产权相关的条款。

知识产权合规审计的第一步是梳理知识产权合规义务清单（见表 3-10），并通过该清单检查企业经营是否符合国家相关法律法规。

表 3-10　知识产权合规义务清单

合规义务台账		合规审计符合项
法律法规名称	条款/说明	
《民法通则》	第五章第三节"知识产权"	
《刑法》分则	第三章第七节"侵犯知识产权罪"	
《最高人民法院、最高人民检察院关于办理侵犯知识产权刑事案件具体应用法律若干问题的解释》	说明：为依法惩治侵犯知识产权犯罪活动，维护社会主义市场经济秩序，根据刑法有关规定，就办理侵犯知识产权刑事案件具体应用法律若干问题做出的司法解释	
《民法典》	第二十章"技术合同"	
《中华人民共和国对外贸易法》	第五章"与对外贸易有关的知识产权保护"	
《中华人民共和国商标法》（以下简称《商标法》）及其实施条例	说明：这些法律法规是关于商标注册、续展、管辖、商标专有权、商标权的转让和使用许可的合规依据	
《最高人民法院关于审理商标案件有关管辖和法律适用范围问题的解释》		
《最高人民法院关于审理商标民事纠纷案件适用法律若干问题的解释》		
《驰名商标认定和保护规定》		
《集体商标、证明商标注册和管理办法》		
《专利法》及其实施细则	说明：这些法律法规是关于专利权的合规依据，可确立专利权人的各项权利和义务	
《最高人民法院关于审理专利纠纷案件适用法律问题的若干规定》		
《最高人民法院关于对诉前停止侵犯专利权行为适用法律问题的若干规定》		
《国防专利条例》		

（续表）

合规义务台账		合规审计符合项
法律法规名称	条款／说明	
《中华人民共和国著作权法》（以下简称《著作权法》）及其实施条例	说明：这些法律法规是关于著作权的合规依据，是国家对于著作权的特别立法保护，也是立法上对于著作权保护的重大措施	
《最高人民法院关于审理著作权民事纠纷案件适用法律若干问题的解释》		
《最高人民法院关于审理涉及计算机网络著作权纠纷案件适用法律若干问题的解释》		
《最高人民法院关于审理涉及计算机网络域名民事纠纷案件适用法律若干问题的解释》		
《著作权集体管理条例》		
《计算机软件保护条例》		
《信息网络传播权保护条例》		
《反不正当竞争法》	说明：这些法律法规是关于商业秘密的合规依据，是保护商业秘密权利人的合法权益，制止侵犯商业秘密的行为的规定	
《关于禁止侵犯商业秘密行为的若干规定》		
《中华人民共和国植物新品种保护条例》及其实施细则（农业部分、林业部分）	说明：这些法律法规是关于植物新品种权的合规依据，有利于在我国育种行业中建立一个公正、公平的竞争机制	
《最高人民法院关于审理植物新品种纠纷案件若干问题的解释》		
《特殊标志管理条例》	说明：这些法律法规是关于特殊标志的合规依据	
《奥林匹克标志保护条例》		
《世界博览会标志保护条例》		
《商标法》	说明：这些法律法规是关于地理标志的合规依据	
《集体商标、证明商标注册和管理办法》		
《地理标志产品保护规定》		

（续表）

合规义务台账		合规审计符合项
法律法规名称	条款/说明	
《集成电路布图设计保护条例》及其实施细则	说明：这些法律法规是关于集成电路布图设计专有权的合规依据，有利于保护集成电路布图设计专利权，促进我国集成电路技术的进步与创新	
《最高人民法院关于开展涉及集成电路布图设计案件审判工作》的通知		
《集成电路布图设计保护条例》		
《中华人民共和国知识产权海关保护条例》	说明：这些法律法规是关于进出口贸易保护的合规合法依据	
《中华人民共和国海关关于知识产权保护的实施办法》		
《展会知识产权保护办法》	说明：这一办法是关于广告宣传或展销的合规依据，有利于加强展会期间知识产权保护，维护会展业秩序，推动会展业的健康发展	

二、知识产权风险清单

企业应通过完善合规风险信息收集机制，全面系统梳理经营活动中可能存在的合规风险，建立合规风险台账来避免知识产权风险，对风险源、风险类别、风险形成因素、可能发生的后果及发生的概率等展开系统分析，对有典型意义、普遍存在及可能造成严重后果的风险及时发布预警。

（一）按照法律分类的知识产权风险

知识产权风险按照法律分类，可分为专利权法律风险、商标权法律风险、著作权法律风险和商业秘密风险。

1. 专利权法律风险

专利权法律风险具体可分为专利许可权滥用风险、专利申请权争议风险、被侵犯专利的风险、被提起专利侵权诉讼的风险、专利转让纠纷风险、未能有效开发和实施专利的风险、管理不善导致专利失效的风险等。

2. 商标权法律风险

商标权法律风险具体可分为商标申请风险，表现为商标未注册或被他人抢先注册、申请类别不全、重点类别保护力度不够、申请的标识不全面等风险；商标使用风险，表现为申请地域不全、未对目标市场全面布局、对商品或服务类别越权使用或许可他人使用、侵犯他人在先权利、商标使用不规范等风险。

3. 著作权法律风险

著作权法律风险具体分为职务作品、委外创作、版权商的权属确定风险，作品素材侵权风险，互联网信息网络传播权侵权风险，许可使用和转让中的法律风险等。

4. 商业秘密风险

商业秘密风险具体分为商业秘密被他人盗窃风险，内部员工被收买风险，对外宣传、合作过程中泄密风险，员工离职泄密风险等。

（二）按照经营环节分类的知识产权风险及应对措施

知识产权风险分布在企业经营的各个环节，如上市环节、采购环节、生产环节、研发环节和营销环节等。

1. 上市环节中的知识产权风险及应对措施

企业 IPO 有一套系统和完整的审核程序，其中涉及知识产权风险的无形资产是重点审查项目之一。企业可能因为知识产权风险而耽误上市进程，因此企业上市前，应对已有的无形资产的法律状态、存续年限、法律风险等进行整体的评估与规划，对上市后准备使用的无形资产的权属、法律状态及招股说明书中的相关内容进行审查，完整地披露知识产权获取、丧失、转让等信息。

2. 采购环节中的知识产权风险及应对措施

采购环节中的知识产权风险主要是采购原材料和生产设备所涉及的专利权属、许可授权书引起的风险。企业应收集相关知识产权信息，必要时应要求供方提供权属证明，做好供方信息、进货渠道、进价策略等信息的管理和保密工作，在采购合同中明确知识产权归属、许可使用范围、侵权责任承担等内容。

3. 生产环节中的知识产权风险及应对措施

生产环节涉及的知识产权风险主要是商业秘密泄露的风险。企业要重视有知识产权价值的创新成果，及时采取相应的知识产权保护措施；建立相应的保密制度，对涉及知识产权的操作规程、各种报表和试验记录、检验检测记录等，采取相应的保密措施；在委托加工、来料加工、贴牌生产等加工业务中，注意规避对外加工业务中的知识产权风险，明确双方知识产权权利义务、保密责任。

4. 研发环节中的知识产权风险及应对措施

研发环节涉及的知识产权风险主要是专利技术的保护、商业秘密泄露的风险。企业要建立研发活动的知识产权跟踪、检索、分析与监控制度；明确对研发成果的知识产权的归属管理；加强对研发活动的档案和保密管理，建立技术研发档案、记录管理制度，确保研发活动可追溯；加强对研发成果申请专利的挖掘与质量的管控。

5. 营销环节的知识产权风险及应对措施

营销环节涉及的知识产权风险主要是侵犯他人商标或专利，未经授权使用他人作品如影视画面、美术作品等，侵犯他人肖像权或表演权。除此之外，与知识产权风险相伴的还有虚假宣传、绝对化用语等引起的不正当竞争行为方面的风险。

产品上市前，企业需要对产品即将投放的市场进行同类产品知识产权状况的调查分析，防止遭遇知识产权侵权指控；正确使用注册商标或专利号等知识产权标志，对消费者和有关市场主体进行必要提醒；建立产品销售市场监控机制，多渠道地监控同类产品的市场情况；发现侵权的，应当进行重点信息收集，必要时进行公证。

知识产权风险的判断更多以国家的相关法律法规为依据，需要引起企业的重视。知识产权风险清单如表 3-11 所示。

表 3-11　知识产权风险清单

企业制度	主要风险			控制活动	合规审计风险评估结果
新品开发制度、研发管理制度等	专利风险	研发过程中的专利风险	研发的技术其他企业已经申请专利，造成重复研发	建立技术研发立项前的可行性分析和国内外专利检索机制，理清国内外现有技术专利状况，规避重复研发	
			研发的技术侵犯他人在先专利权		
			研发的技术管理不善导致技术内容公开，无法申请专利	建立健全技术信息保密、技术信息发布审批、技术鉴定审批与组织等规章制度，防止因研发成果泄露而无法申请专利	
			因管理不善，研发的技术资料缺失，无法申请专利		
专利管理制度		专利申请的风险	专利申请文件没有按照法律规定的要求撰写，导致无法修改而不能取得专利权	寻求专业从事专利代理服务的机构中熟悉本技术领域相应技术的专利代理人代理申请专利	
			对国际专利申请的优先权规则缺乏了解，导致在国外的专利申请无法享受优先权待遇而不能取得专利权		
			专利申请要求保护范围过宽或过窄，虽然取得专利权，但失去对该技术内容的保护作用		

（续表）

企业制度			主要风险	控制活动	合规审计风险评估结果
专利管理制度	专利风险	专利申请的风险	企业内部专利申请审批管理流程缺失，而将企业决定保密的技术申请专利，导致企业的技术秘密因申请专利而被公开	建立健全企业专利申请审批管理流程、保密管理制度，防止技术秘密因不当申请专利而被公开	
		专利转让风险	企业对外实施专利许可、转让专利技术，可能因合同约定不明或因权利维护不善而丧失专利	企业对外许可、转让专利技术，要对对方信誉、履约能力进行调查，确保合同得到有效履行。在合同中要选择对己有利的价款支付方式，确保价款履行	
		专利侵权风险	企业对拥有专利技术的产品或其包装进行宣传，可能因对专利权的有效性监管不力，构成假冒专利行为而遭受行政处罚	在产品或其包装上标注专利，严格遵循国家知识产权制度规定，防止构成假冒专利行为	
			企业可能采购到侵犯专利权的物资和技术，造成专利侵权	对重要物资、装备、技术的采购，建立专利检索分析机制，规避专利侵权；加强合同管理，在采购合同中明确约定双方的知识产权权利与义务，明晰专利侵权责任的承担	
			企业在来料加工、来样加工、委托设计、委托加工、自主生产等生产环节，可能生产侵犯专利权的产品，造成专利侵权	在加工承揽合同中设立知识产权责任条款，明确双方知识产权权利与义务，尽可能减少专利侵权责任承担，规避专利侵权风险	
			企业对外贸易过程中引进或出口的技术、产品，可能侵犯他人在国内或国外的专利权，引起涉外专利侵权纠纷	企业生产的产品投放市场前和开展技术、产品进出口贸易，应进行必要的目标市场国专利检索分析，规避专利侵权	

（续表）

企业制度	主要风险			控制活动	合规审计风险评估结果
商标、品牌管理制度	商标风险	商标注册申请中的风险	商标注册申请没有按照国家规定的要求办理，无法取得注册商标专用权	商标注册申请应当按照国家规定的要求办理，商标文字、图案、色彩或其组合的设计应当符合《商标法》的规定	
			在申请注册商标前已有他人在同类或类似商品上申请了与之相同或类似的注册商标，无法取得注册商标专用权	在注册申请商标前，进行商标检索，避免重复注册	
		商标被仿冒的风险	在产品上使用的注册商标被他人侵权	建立商标市场监管机制，发现注册商标被他人侵权，及时维权	
		商标许可风险	注册商标专用权对外实施许可，可能带来合同纠纷，或者对商标使用监管不力，导致商标信誉下降	加强对被许可方的产品质量监管，防止商标信誉下降	
		商标使用不当的风险	由于商标管理、使用行为不当，违反国家法律法规和规范性文件要求，而招致商标被非法使用或行政处罚	建立健全商标申请、使用、日常管理等各项规章制度，建立商标管理档案，规范企业内部商标管理	
商业秘密保护制度	商业秘密风险	商业秘密泄露风险	管理不善或企业在生产经营活动中的内部行为导致商业秘密被公开	建立健全企业商业秘密保密管理的各项规章制度，并严格执行	
			内部人员有意或无意泄露商业秘密		
		商业秘密侵权风险	企业在生产经营过程中有意或无意侵犯他人商业秘密	遵守法律法规，被控侵犯他人商业秘密时，应积极组织应对	

（续表）

企业制度	主要风险			控制活动	合规审计风险评估结果
知识产权管理制度	著作权风险	著作权被侵犯风险	企业对受《著作权法》保护的各类客体管理不善，导致其受到侵害时难以寻求法律保护	建立健全企业著作权管理规章制度，健全著作权管理档案，规范著作权管理	
		侵犯他人著作权风险	企业在行使自己的著作权时侵犯他人著作权或其邻接权		
	其他知识产权风险	厂商名称风险	本企业厂商名称与其他企业厂商名称、注册商标专用权相冲突	企业在工商登记时要进行厂商名称查询、注册商标查询，尤其是驰名商标、著名商标查询，防止与他人在先权利相冲突	
		地理标记风险	企业在生产、销售的产品上标注的产地名称不符合国家法律法规的规定，可能构成不正当竞争或侵权	严格按照国家有关法律法规和规范性文件的规定进行产品产地的标记	
		集成电路布图设计风险	设计、生产、销售集成电路产品可能侵犯他人在先集成电路布图设计专用权、在先专利权、在先计算机软件著作权	进行集成电路布图设计登记检索、相关技术的专利申请状况检索	

三、知识产权重点环节合规审计

知识产权合规审计是对企业所拥有、所使用或所收购的知识产权进行的系统性检查，其目的是发现企业知识产权管理中的漏洞，查明可能对企业经营产生威胁的缺陷，避免企业因知识产权纠纷而遭受损失，促使企业的知识产权合法合规并得到有效的保护。

（一）知识产权合规审计流程

第一步，系统梳理企业目前涉及的知识产权。

第二步，分类整理、诊断目前知识产权管理中潜在的缺陷与威胁，包括诊断知识产权的完整性、保护状况及使用状况。

第三步，通过分析和评估形成知识产权改进策略和方案。

第四步，根据策略和方案实施知识产权管理改进，形成知识产权合规审计闭环。

（二）知识产权合规审计重点

1. 知识产权归属情况

知识产权归属情况审计主要关注：企业知识产权是否存在权属争议；企业是否对应当注册的知识产权进行了注册，是否存在遗漏；企业正在申请的知识产权是否存在在先权利阻碍（注册商标被他人抢先注册或限制注册）；企业是否提前做好知识产权布局；企业知识产权有效期跟踪是否完善；等等。

2. 知识产权的保护与使用情况

知识产权的保护与使用情况审计主要关注：企业是否存在实际使用知识产权却未注册的情况；企业是否存在未使用相关知识产权的情况；企业知识产权是否存在被他人撤销的可能；企业相关知识产权的使用方式是否符合法律规定（如不规范使用注册商标等）；企业使用他人知识产权是否存在侵权的可能；企业相关知识产权是否在正在使用的（及打算使用的）国家或地区有足够的保护等。

3. 知识产权相关的合同情况

知识产权相关的合同情况审计主要关注：企业知识产权相关许可或被许可的限制与期限；企业知识产权相关许可合同是否需要向管理当局进行备案；企业知识产

权保密协议的执行情况；企业知识产权相关合同是否存在明显的漏洞，对专利代理委托合同、专利咨询合同等知识产权委托合同是否严格审核知识产权条款。

4. 知识产权维权情况

知识产权维权情况审计主要关注：企业是否存在第三方侵害知识产权的情况，是否已经采取维权行动；企业当前知识产权的行政或司法程序相关的信息。

5. 知识产权保密管理情况

知识产权保密管理情况审计主要关注：企业是否建立保密管理制度，是否明确涉密人员，是否设定保密登记和接触权限；企业对容易造成知识产权秘密流失的设备，是否规范其使用人员、目的、方式和流通；企业是否明确涉密信息范围，是否规定保密等级、期限和保密资料传递、保存及销毁的要求；企业是否明确涉密区域，是否规定客户及参访人员活动范围等。

6. 知识产权合规文化建设情况

知识产权合规文化建设情况审计主要关注：企业是否建立知识产权合规文化；企业是否建立对技术人员、知识产权管理人员、全体员工分层级合规培训制度；企业是否通过培养员工形成知识产权保护意识、知识产权价值观，营造崇尚创新、尊重知识产权的氛围等方式进行知识产权文化的建设。

知识产权合规审计方案如表 3-12 所示。

表 3-12　知识产权合规审计方案

审计重点环节	审计重点目标／程序	工作重点	所需资料
新产品研发阶段的侵权	研发立项论证时，未进行专利信息的详细检索，可能造成自主研发的成果不能使用，构成侵权	抽查研发立项资料，重点审核研发项目立项阶段相关产品研发过程涉及的技术信息，特别注意专利的检索和分析评判	研发立项资料

审计重点 环节	审计重点目标／程序	工作重点	所需资料
新产品研发阶段的侵权	研发结束后，未及时对开发的新技术或产品采取有效的保护措施，可能导致新技术被限制使用，研发成果不能转化为产品	抽查专利申请，评判研发完成后是否对成果的保护形式进行评审，是否采取专利或技术秘密等不同保护方式	相关机构专利申请记录、域名注册记录、知识产权（无形资产）质押记录、第三方许可记录、办公室政策声明和员工协议、诉讼和争议、无形资产转让协议、未注册标志、徽标和发明一览表、保密安全措施清单等
	产学研合作中企业的知识产权归属未能明确，产生知识产权纠纷	抽查签订的相关技术合作合同，了解知识产权归属是否明确	合作合同、协议
采购过程中侵权	原料、设备及软件采购过程中未对供应商资质进行严格审查，供应商提供的产品、服务侵犯他人知识产权，从而造成我方的知识产权纠纷	采购阶段对供应商的知识产权状况进行评价，采购合同中应明确知识产权归属、许可使用范围、侵权责任承担等	采购合同、代理权证、授权书等
采购（委外加工）过程中被侵权	采购带有商标的标签、纸箱印制过程中，对模板保存不严格、印刷数量不限制，造成商标冒用；或者委外加工过程中知识产权被泄露；商标被冒用，而无法进行管控；因委外加工中知识产权被竞争对手获取，从而造成损失	采购阶段对供应商的知识产权状况进行评价，采购合同中应明确知识产权归属、许可使用范围、侵权责任承担等	采购合同、物料管理台账、法律纠纷台账等
产品销售侵权风险	产品销售前，未对产品所涉及的知识产权状况进行审查和分析，可能造成知识产权侵权	检查销售人员是否对销售市场进行监控，并反馈知识产权信息；抽查销售合同，确定是否涵盖产品上市前、产品宣传过程中、产品上市后风险的识别与控制	销售合同、授权书等

（续表）

审计重点环节	审计重点目标/程序	工作重点	所需资料
产品宣传、销售和会展引发的知识产权风险	在开展产品宣传、销售和会展等商业活动前，未制定知识产权保护或风险规避方案，可能造成知识产权侵权或纠纷状况的发生	抽查营销方案，分析与广告用语相关的知识产权状况，评估是否存在潜在侵权信息，或者产品涉及他人的知识产权状况，分析可能发生的纠纷及其对企业的损害程度	营销方案、广告合同等
知识产权人员风险	涉及知识产权的员工在进行知识产权背景调查时，未签署知识产权声明文件，可能造成知识产权侵权或纠纷状况的发生	抽查与员工签署的劳动合同补充协议，以及入职调查与离职面谈记录	人员背景调查文件、保密协议、竞业禁止协议等
商业秘密泄露风险	涉及技术资料、研发资料的文件、客户资料、档案等信息文件，未按商业秘密保护办法执行，资料泄露造成损失	检查是否严格按照商业秘密保护办法，分等级、按要求执行，做好文件归档工作	保密制度、档案归档办法等

四、总结

知识产权合规审计涉及较多的法律法规问题，必要时可聘请外部顾问，如知识产权律师、专利代理师等，帮助企业完成合规审计。知识产权的管理更多依赖健全的知识产权管理体系，因此企业要采取以日常管理为主、知识产权合规审计为辅的工作思路。

第五节
数据安全合规审计

我国颁布实施的有关网络和数据安全的法律法规主要有《中华人民共和国网络安全法》(以下简称《网络安全法》)、《中华人民共和国个人信息保护法》(以下简称《个人信息保护法》)、《中华人民共和国数据安全法》(以下简称《数据安全法》)、《网络安全审查办法》,我国与网络和数据相关的法律法规体系正在不断完善。数据安全审查可以说一直是悬在关键信息基础设施运营者头上的达摩克利斯之剑,数据安全合规审计非常重要。

一、数据安全合规义务清单

数据安全合规风险是指企业在经营过程中采集、保管、使用数据存在的违法违规风险。对企业而言,数据安全涉及自身发展和外部监管两个层面。

1. 自身发展对数据安全的要求

在数字经济时代,企业对自身数据安全有着内生要求。企业常通过数据安全管理，保护自身重要数据免受影响，确保业务的连续性，降低业务可能面临的风险。简而言之，这里的数据安全关注的是企业内部数据保管的安全性、合规性。

2. 外部监管对数据安全的要求

在外部监管层面，国家重点关注的是对重要业务数据和个人敏感信息的保护。这里的数据安全是对数据作为国家重要战略基础资源时的合规要求，体现了数据在经济社会发展中的重要作用，具体表现在其一旦遭到篡改、破坏、泄露或非法获取、非法利用，会对国家安全、公共利益或个人、组织合法权益等涉及国家安全和社会发展等方面产生重大影响。

数据安全合规审计的第一步是梳理数据安全合规义务清单（见表3-13），并通过该清单检查企业经营是否符合国家相关法律法规。

表 3-13　数据安全合法义务清单

合规义务台账		合规审计 符合项
法律法规名称	说明	
《网络安全法》	保障网络安全，维护网络空间主权和国家安全、社会公共利益，保护公民、法人和其他组织的合法权益，促进经济社会信息化健康发展。明确了部门、企业、社会组织和个人的权利、义务和责任，规定了国家网络安全工作的基本原则、主要任务和重大指导思想、理念	
《个人信息保护法》	该法是一部保护个人信息的法律，涉及个人信息处理规则、个人信息跨境提供的规则、个人在个人信息处理活动中的权利、个人信息处理者的义务、履行个人信息保护职责的部门及法律责任等	
	"告知—知情—同意"为核心的个人信息处理规则	
《数据安全法》	明确数据安全主管机构的监管职责，建立健全数据安全协同治理体系，提升数据安全保障能力，促进数据出境安全和自由流动，促进数据开发利用，保护个人、组织的合法权益，维护国家主权、安全和发展利益，让数据安全有法可依、有章可循，为数字化经济的安全健康发展提供了有力支撑	
	对数据出境监管规定的进一步细化和严格化规定	

二、数据安全风险清单

企业数据安全风险涉及面较广，体现为企业治理层面的治理风险，具体表现为数据在其生命周期和服务过程中的管理风险、数据出境风险、企业重要数据等敏感信息和个人信息泄露风险。

数据在其生命周期和服务过程中的管理风险是关键信息基础设施企业的数据安全风险，这些企业主要涉及网络企业、关键信息基础设施运营企业等。关键信息基础设施数据安全风险是指相关企业在供应链开发、运维等环节数据保护方面存在缺陷，导致防护系统存在漏洞和错误的情况，不能采取有效的数据防篡改和防外泄手段，一旦攻击者成功获取服务器权限，可随意窃取、篡改和删除重要数据，造成大量敏感信息泄露的风险。

数据出境风险是合规类风险，关系到国家安全。数据出境是指网络运营者通过网络等方式，将其在中华人民共和国境内运营中收集和产生的个人信息和重要数据，通过直接提供或开展业务、提供服务、提供产品等方式提供给境外的机构、组织或个人的一次性活动或连续性活动。《数据安全法》第三十七条、第六十六条等对数据出境安全管理、主管机关批准及法律责任承担等方面进行了明确规定。对数据出境监管规定的进一步细化和严格化规定，旨在保证出境数据不存在违反国家法规的风险。

企业重要数据等敏感信息和个人信息泄露风险是企业因内部数据管理、安全隔离、访问控制及数据加密等措施不充分而面临的网络入侵风险。若企业的重要业务数据和个人敏感信息泄露，将造成重大的经济损失、商誉和名誉受损。

数据安全风险清单如表 3-14 所示。

表 3-14　数据安全风险清单

企业制度	主要风险			控制活动	合规审计风险评估结果
《信息系统管理制度》《机房管理制度》	信息基础设施、企业的数据安全风险	物理环境风险	机房设备和服务器管理不善带来的风险	定期检查机房场地、机房防火、机房供配电、机房防静电、机房接地与防雷、机房电磁防护、机房通信线路保护、机房设备管理等方面的情况	
		网络结构风险	网络结构设计等带来的风险	定期检查网络结构的设计、边界保护、内外部访问控制策略、网络设备安全配置等情况	
		系统软件风险	软件采购、使用、更新的风险	定期检查软件版权、补丁安装、用户账户、口令策略、访问控制、系统配置、注册表加固、网络安全、系统管理等方面的情况	
	数据出境风险	敏感数据出境风险	一年内出境的个人信息数量达到国家网信部门、行业主管部门上报要求的，未按照要求上报，造成了被处罚风险	检查企业敏感数据出境是否按照法律法规的要求进行申报，出境的数据是否符合国家相关要求	
			包含核设施、生物化学、国防军工、人口健康等领域的数据，大型工程活动、海洋环境、敏感地理信息数据，以及其他重要数据未审核通过而出境		
			涉及关键信息基础设施的安全缺陷、具体安全防护措施等网络安全信息导致被处罚的风险		

（续表）

企业制度	主要风险			控制活动	合规审计风险评估结果
《信息系统管理制度》《机房管理制度》	数据出境风险	敏感数据出境风险	关键基础设施运营者数据导致被处罚的风险	检查企业敏感数据出境是否按照法律法规的要求进行申报，出境的数据是否符合国家相关要求	
			可能影响国家安全、经济发展和社会公共利益的数据导致被处罚的风险		
	企业重要数据等敏感信息和个人信息泄露风险	数据采集风险	恶意代码输入风险	建立数据入库检查机制，防止恶意代码随数据注入数据库或信息系统，从而保证数据的机密性、完整性、可用性	
			数据无效写入风险	建立验证程序和防呆机制，防止数据不符合规范或无效	
			数据污染风险	建立数据入库防护系统，防止攻击者接入采集系统污染待写入的原始数据，降低破坏数据完整性风险	
		数据传输风险	数据被窃取风险	建立防护系统，阻止攻击者伪装成外部通信代理、通信对端、通信链路网关通过伪造虚假请求，定向窃取数据的风险	
			网络监听风险	建立数据系统权限管理体系，通过权限管理避免数据外泄风险。同时，通过网关安保系统，阻止攻击者接入外部通信链路与网关、通信代理、通信对端，从而监听和篡改数据的风险	
			数据篡改风险		

（续表）

企业制度	主要风险			控制活动	合规审计风险评估结果
《信息系统管理制度》《机房管理制度》	企业重要数据等敏感信息和个人信息泄露风险	数据存储风险	数据破坏风险	定期维护和检查，降低信息系统自身故障、物理环境变化或自然灾害导致数据被破坏的风险	
			数据分类或标记错误风险	建立数据管理规则，降低数据分类分级或相关标记被篡改，从而导致数据受保护级别降低的风险	
			恶意代码执行风险	防止故意在数据服务器、文件服务器、员工终端等存储系统上执行后门、病毒、木马、蠕虫、窃听软件、间谍软件等恶意程序或代码，窃取、篡改或破坏数据的风险	
			数据不可控风险	依托第三方云平台、数据中心等存储数据，通过加强合同中约束条款的规范性，防止数据外泄的风险	

三、数据安全重点环节合规审计

（一）数据安全合规审计含义

数据安全合规审计是对企业数据系统建设的合法合规性、内部控制的有效性、数据的安全性进行检查和评价的过程，旨在保证企业数据管理符合国家法律法规及相关监管要求，保证企业及个人相关的重要数据安全。

（二）数据安全合规审计目标和内容

1. 制度与规范安全合规审计

该项数据安全合规审计旨在从制度层面检查企业是否制定并完善数据安全管理的制度体系及其落实情况，并验证企业制度是否符合国家法律法规的要求。

2. 数据组织安全合规审计

该项数据安全合规审计旨在检查企业为落实数据安全治理工作及其战略规划，是否从企业层面设置跨部门的数据安全管理机构及负责人，明确安全管理职责。

3. 数据库安全合规审计

该项数据安全合规审计旨在从数据库的安全管理角度，检查企业是否建立完善的数据库安全管理规范，并从技术层面予以安全保障。

4. 数据平台（系统）安全合规审计

该项数据安全合规审计旨在从数据平台（系统）管理角度，检查企业是否对平台（系统）及其管理之下的数据制定相应的安全规范与标准，实现统一管理，并与企业和国家法律法规的安全需求相一致。

5. 服务接口安全合规审计

该项数据安全合规审计旨在从服务接口角度，检查企业是否完善接口安全管理的制度和规范，并采用技术手段保障接口间数据传输的安全性。

6. 中心机房安全合规审计

该项数据安全合规审计旨在从中心机房管理、场地管理、软硬件配置安全的角度，检查企业中心机房对数据的保护措施是否有效。

下面以企业重要数据等敏感信息和个人信息泄露风险为目标，以基于软硬件系统管理为依托，制定了数据安全合规审计方案（见表 3-15）。

表 3-15 数据安全合规审计方案

审计重点环节	审计重点目标/程序	工作重点	具体措施
一、硬件系统安全			
信息硬件资产的管理	硬件设施采购	检查信息化硬件采购是否有流程标准，标准是否完善，是否存在漏洞；检查信息化采购流程是否符合标准；抽查相关采购合同内容的真实性与完整性，确定是否存在舞弊行为	检查标准、合同是否有漏洞，比对需求部门申请表及信息化采购入库单与实物是否一致，分析采购价格是否合理，查看是否有质量条款，重点关注低值易耗品及赠品去向
	硬件设施的使用与保管	检查信息资产的移动、使用、保管手续是否完整，审批权限是否完整；检查信息资产分布的合理性；检查信息资产是否定期进行盘点，是否根据历史采购及信息部统计清单，盘点现有信息资产的完整性	对照信息资产清单对现有资产进行盘点，检查是否存在硬件设施闲置的情况，以及是否有硬件设施丢失或损坏的情况
	硬件设施的维护与保养	了解维护和保养的方式有哪些，委外的范围和原因；检查委外的维保是否签订合同及合同涉及的内容；了解自行维护的范围，检查对内维护的流程、配件的记录和管理情况	查阅委外合同条款，特别是结算方式与方法，分析是否存在舞弊点；对照配件出入库单、配件领用清单核对配件的领用及处置，必要时对配件进行盘点
	硬件设施的报废与处置	检查信息资产的报废、处置手续是否完整，审批权限是否完整，是否存在资产还能使用但已被处置的情况	对照资产报废申请单检查报废物资去向，查看是否存在将尚可使用的硬件物资报废的情况

（续表）

审计重点环节	审计重点目标／程序	工作重点	具体措施
中心机房管理	灾难恢复计划	检查是否有灾难恢复计划，如有，检查灾难恢复计划是否切实有效；检查是否制订信息数据的备份计划，确定备份计划（含备份内容、备份方式等）是否完整；检查数据备份计划的执行情况，是否按计划规定时间进行对应数据的备份；检查备份数据使用情况是否有记录，如有，检查备份数据使用的合理性及审批权限的完整性	检查数据备份计划、备份登记表、备份清单、备份数据清理记录、备份数据使用记录是否完整；检查是否异地保管与存放的情况，存放地点是否符合要求；现场确认备份介质的保管是否合理，并确认备份数据是否完整；询问备份数据的清理程序，查看是否予以记录；检查备份数据的清理程序是否合理，审批权限是否完整
	机房管理	检查是否制定了机房管理制度，相关人员进出机房是否获得审批；检查是否存在非机房管理员进出机房的登记记录，登记记录内容是否完整	对照进入机房申请表和进出机房登记表，检查二者是否有出入；查看服务器日志是否完整、有效；检查机房内不间断电源（Uninterruptible Power System，UPS）的运作情况，查看是否存在 UPS 运行异常的情况；检查机房是否有恒温、恒湿的测量仪器，如有，检查测量仪器的读数是否与规定的温湿度一致；检查是否有灭火设施，如有，其是否符合机房要求；检查进出机房登记表、进入机房申请单、机房设备清单，查看机房清理日志
		检查机房设备是否有汇总登记记录，如有，根据清单盘点机房设备的完整性和运营情况	
二、软件系统安全			
信息软件资产的管理	信息系统业务规划	对信息系统的投资可行性、系统规划与企业战略的相关性、系统开发计划的可行性及系统需求的完整性和正确性进行审核和验证	检查是否有规划，评价信息化软件系统运行情况（了解现有系统的数量及相互的连接）

（续表）

审计重点 环节	审计重点 目标 / 程序	工作重点	具体措施
信息软件 资产的管理	成品软件采购	检查软件采购是否有流程标准，标准是否完善，是否存在漏洞；检查成品软件采购流程是否符合标准；抽查相关采购合同内容是否具备真实性与完整性；是否存在舞弊行为；检查采购软件是否符合需求部门要求，需求部门对采购软件的满意度，是否存在相同功能的软件导致重复采购与浪费	检查标准、合同是否有漏洞，是否按照标准执行；核查采购价格是否合理，合同中是否有质量条款与后期服务条款；检查是否有功能重复的软件
	软件外包开发	检查是否已细致分析企业组织结构；检查是否已确定用户功能和性能需求；检查需求部门的申请是否合理，是否符合流程，外包开发流程是否符合流程规范，合同的条款是否完整有效，是否有修改、增加需求的空间	对照相关流程制度与相关招标记录，检查是否存在人为指定的情况；检查合同规定的软件所有权与源代码的归属权是否明确，服务条款能否满足企业需要（对漏洞的处理的约定，以及响应时速与端口预留情况）；检查软件项目实施计划、系统上线计划和数据迁移计划是否按流程执行；检查计划实施记录的完整性与实操性
	软件系统的使用情况	检查软件系统的实用性与不足，各个相互关联的系统是否有接口连接；检查单个系统对应的所有流程是否连贯，如果不连贯，是否设置手工输入时错误预警提示；检查每个系统的运行过程中是否存在漏洞	重点关注制造执行系统（Manufacturing Execution System，MES）、立体库等新系统的运行情况是否正常，是否存在漏洞；对企业资源计划（Enterprise Resource Planning，ERP）系统各个连接点的存在性与合理性进行分析；关注连接点，因为往往连接点处易出现问题与舞弊；对信息录入人员的信息录入正确性进行核查；检查后期是否进行需求分析与改善，抽查相关记录文件

（续表）

审计重点环节	审计重点目标/程序	工作重点	具体措施
信息软件资产的管理	软件系统的维护	检查是否定期检查与维护软件系统，是否配备专业的系统维护人员，如果需要委外进行维护，是否有可替代的系统保证不影响使用部门的工作；检查委外机构的选择是否符合制度要求；检查系统维护人员与系统管理人员的选聘是否遵循不相容岗位不相离的原则，对系统信息是否有保密机制	查看定期检查与维护登记表，对MES系统、立体库系统等先进系统的维护方式与情况进行全面核查，重点关注维护成本的大小与变动；检查委外服务合同与保密协议；检查系统信息授权使用清单，询问是否存在系统维护漏洞；检查系统需求变更情况登记表是否有异常
	系统更换与处置	检查是否存在系统更换处置流程；检查是否存在系统还能使用但是已更换的情况，以及是否可通过自身完善却直接更换的情况；了解新系统的安装调试流程，旧系统的处置方式及流程，是否清除旧系统中的信息	重点关注被更换系统的去向，核查是否存在舞弊；检查被更换系统的信息是否已清除
账号与权限管理	账号与权限管理	检查是否具有账号与权限规定，账号与权限使用是否按规定行使；检查超级用户是否分权限设置不同级别用户，是否存在不同级别的用户由同一人担任的情况	询问系统管理人员，确定是否存在多人使用一个账号的情况；抽取部分具有系统操作权限的人员账号，测试是否存在密码为空或密码过于简单（如123456）的情况；根据系统操作人员清单，核对是否存在账号与权限申请记录不符的情况，审批手续是否完整；检查是否存在已离职人员的账号与权限仍然有效，仍然被使用的情况；抽查系统监控日志，审查系统管理员的操作是否存在异常

（续表）

审计重点环节	审计重点目标／程序	工作重点	具体措施
信息安全管理	未授权应用程序的安全管理	检查是否存在未经授权的应用程序；了解哪些人员可访问应用程序的源代码，是否经授权，源代码修改是否有明确规定	抽查是否有未经授权的应用程序，如有，分析其危害性及是否进行审批；检查谁掌握应用程序源代码的修改权与管理权；核查是否有相关安全保障规定
	公共文件的安全性管理	检查重要公共文件夹的安全性，以及是否建立相应保护措施	依照重要机密文件清单，检查是否存在未经授权人员可访问重要公共文件相应数据的情况，并确定其是否有输入、输出权限；检查各重要（如财务部）公共文件夹内容是否设置读、写密码保护，未经授权人员是否具有写入权限
	与外部有联系的安全性管理	检查是否明确数据库、服务器等的访问权限规定；统计外部网络使用者清单，核对计算机应用权限申请，确定是否存在未授权使用网络的情况	统计公司具有外发邮件权限的人员，查看是否对其进行邮件监控，是否存在未经授权发出的邮件；检查服务器日志，查看是否存在未经授权的访问，并确定出现访问的原因；检查外部网络使用者清单、计算机应用权限申请等邮件使用者清单的登记情况

四、总结

企业应结合《数据安全法》等履行数据安全保护义务，并借助各方力量，定期对数据安全进行合规审计；同时，应建立健全全流程的数据安全管理体系，定期开展合规监测活动和数据安全合规风险评估，并根据合规监测过程中发现的数据安全缺陷、漏洞等采取补救措施，并向有关主管部门报送风险评估报告。

第六节
关联交易合规审计

关联交易，尤其是上市公司关联交易，一直是外部法律法规监管的重点。因为关联交易中易出现不公允的情况，从而形成对股东、广大投资者等权益的侵犯，也易导致债权人利益受到损害。

一、关联交易概述

（一）关联方及关联交易

从会计法规角度来看，《企业会计准则第 36 号——关联方披露》第三条规定：一方控制、共同控制另一方或对另一方施加重大影响以及两方或两方以上同受一方控制、共同控制或重大影响的，构成关联方。关联交易是指公司与其关联方之间发生的一切转移资源或者义务的法律行为。

从《公司法》角度来看，关联方包括自然人和法人，主要指上市公司的发起人、主要股东、董事、监事、高级管理人员及其家属和上述各方所控股的公司。关联交易是指公司或附属公司与在本公司直接或间接占有权益、存在利害关系的关联方之间所进行的交易。

关联交易就其本身的性质而言是中性的，是一种合法的、常见的商业交易行为，无论《公司法》还是会计法规，都不禁止公允的关联交易。关联交易合规审计的目的是防止关联方利用其特殊地位，通过关联交易进行不正当利益输送，进而侵害股东、债权人等利益相关者的利益。

（二）关于上市公司关联交易披露的规定

为规范上市公司关联交易，我国不断出台上市公司关联交易的披露要求和监管制度。企业应当在会计报表附注中披露关联方关系的性质、交易类型及其交易要素，这些要素一般包括交易的金额或相应比例、未结算项目的金额或相应比例、定价政策等。

关联交易的类型通常包括下列各项：购买或销售商品；购买或销售商品以外的其他资产；提供或接受劳务；代理；租赁；提供资金，包括以现金或实物形成的贷款或权益性资金；担保和抵押；管理方面的合同；研究与开发项目的转移；许可协议；关键管理人员的报酬。

关联交易合规审计的第一步是梳理关联交易合规义务清单（见表3-16），并通过该清单检查企业经营是否符合国家相关法律法规。

表 3-16　关联交易合规义务清单

合规义务台账		合规审计符合项
法律法规名称	适用范围	
《公司法》	适用于所有企业	
《中华人民共和国企业所得税法实施条例》		
《国家税务总局关于完善关联申报和同期资料管理有关事项的公告》		
《企业会计准则第 36 号——关联方披露》		
《上市公司治理准则》	适用于上市公司	
《上市公司信息披露管理办法》		
《上海证券交易所股票上市规则》	适用于上海证券交易所上市公司	
《上海证券交易所上市公司关联交易实施指引》		
《深圳证券交易所股票上市规则》	适用于深圳证券交易所上市公司	
《深圳证券交易所上市公司规范运作指引》		
《商业银行与内部人和股东关联交易管理办法》	适用于商业银行	
《保险公司关联交易管理办法》	适用于保险公司	

二、关联交易风险清单

关联交易之所以受外部监管的重视，主要是因为关联交易名目繁多、交易频繁、涉及面广。关联交易问题错综复杂，常见的关联交易风险如下。

（1）通过关联交易向关联公司转移资金，如关联方之间不正常的资金往来。

（2）通过关联交易向关联公司转移资产，如通过虚构或未经批准的关联交易套取、侵占公司资金、资产。

（3）通过关联交易向关联公司转移成本、费用及利润，如隐瞒关联方收入或通过隐性关联方虚构收入。

（4）通过关联交易向关联公司输送利益。

（5）通过关联交易实施一些违规甚至违法的行为。

关联交易风险清单如表 3-17 所示。

表 3-17　关联交易风险清单

公司制度	主要风险		控制活动	合规审计风险评估结果
《关联交易管理标准》《重大事项信息披露管理制度》《内幕消息披露制度》	关联交易管理	关联方识别与维护	公司未建立统一的关联交易管理制度、须予披露交易及内幕消息披露制度，公司无法及时识别、汇报应披露事项	建立规范的《关联交易管理标准》及《重大事项信息披露管理制度》，以指引和规范公司日常关联交易的管理及重大事项信息的披露	
			公司未登记或及时更新关联方清单，导致未能够及时识别关联方，并开展后续的各项管理工作	定期维护更新关联方清单，记录现有集团公司及关联公司等信息，该名单作为公司判断业务是否属于关联交易的依据	
			未能够准确识别关联交易，或者关联交易未经管理层审批	1. 业务部门在发起合同审批时，需对比关联方清单，若该合同涉及与清单中的关联公司发生业务往来，需要标记"关联交易" 2. 对所有标记"关联交易"及公司收购或出售事项，需要进行关联交易合规审核	

（续表）

公司制度	主要风险			控制活动	合规审计风险评估结果
《关联交易管理标准》《重大事项信息披露管理制度》《内幕消息披露制度》	关联交易管理	关联交易的对账及汇报	关联交易未按管理制度及时上报和审批	1. 定期对关联交易进行汇总 2. 每月整理发布当月最新的关联方清单，清单内容包括公司名称和关联关系，该清单作为下属各公司判断业务是否属于关联交易的依据	
				1. 每月末填写《关联交易月度确认书》，确认本月是否有新增关联交易 2. 如果有新增关联交易，那么需填写《新增关联交易月报表》，详列关联交易明细及预测未来交易的年度发生金额，并经由公司相关授权人审批、确认 3. 每月末根据用友系统的记录制作月度《关联交易明细表》，列明累计的关联交易明细，包括交易对象、交易类型、合同号、累计金额等	
	须予披露交易	应披露事项未按照外部监管要求和公司章程进行披露		1. 凡资本性支出超过人民币1亿元的交易，在签署合同前，需经公司首席财务官及公司秘书审批 2. 公司首席财务官收到资料后，核实并评估是否需要披露，如需披露，则需向董事会汇报	

（续表）

公司制度	主要风险	控制活动	合规审计风险评估结果
《关联交易管理标准》《重大事项信息披露管理制度》《内幕消息披露制度》	内幕消息披露	披露信息未经及时准确的识别，并经有效审批，可能导致披露信息不真实、不准确或可能存在误解，从而违背公司和监管各方的规定	1. 公司财务部、各业务部负责日常识别需披露的重大事项，内幕消息管委会初步评审是否提交后续环节 2. 公司总部设立内幕消息管委会，成员由首席财务官和两位执行董事组成，负责对公司所有需披露事项进行讨论，并确定披露方式和具体内容 3. 如果内幕消息管委会成员对披露事项达成一致，那么通过电子邮件的方式通知公司秘书，准备提交董事会进行决议 4. 董事会成员根据要求参与"信息披露"相关董事会讨论，各董事在听取内幕消息管委会对所披露信息的汇报及法务部意见后，最终决定信息披露的方式，并在会议纪要上签字确认，并交由相关部门进行披露	

三、关联交易重点环节合规审计

（一）关联交易合规审计重点

1. 关联企业间相互购买或出售资产

企业集团成员之间相互购买或销售商品，从而形成关联交易。这种交易由于将

123

市场交易转变为企业集团的内部交易，好处是可以节约交易成本，减少交易过程中的不确定性，确保供给和需求，并能在一定程度上保证产品的质量和标准化。但是，这种关联交易容易通过不公允的定价调节企业利润，产生税收相关的风险。因而这里的合规审计的重点是关注定价政策、交易金额或相应比例、未结算项目的金额或相应比例，以及对关联交易的披露是否合规。

2. 关联企业间相互投资或拆借资金

企业集团成员之间相互投资或拆借资金，从而形成关联交易。这种交易常见的情况是母公司利用集团内部的金融机构贷款给子公司，母公司向子公司购入股份、投入资金等，好处是可以提高母公司资金的利用率。但是，这种关联交易容易造成大股东侵占小股东利益的情况。

3. 关联企业间提供担保

企业集团成员之间相互担保，从而形成关联交易。担保是有风险的，一旦被担保企业不能按期履行还款义务，担保企业就成了还款的责任人。关联企业间相互提供担保，能有效解决企业的资金问题，有利于经营活动的有效开展，但也可能形成负债，增加担保企业的财务风险，并且容易造成大股东侵占小股东利益的情况。

4. 关键管理人员薪酬

合规审计除了关注资产交易、资金占用、购销、担保等重大关联交易，对准则要求披露的如关键管理人员薪酬、费用分割等关联交易也应予以充分关注。因为，一旦集团企业与其关联企业因存在关联交易被认定为人格混同，就会影响其各关联企业的财产独立性而对外部债务承担连带责任。

（二）关联交易合规审计目标

（1）及时、准确地识别企业关联方及关联交易，定期进行关联交易对账、结算。若关联交易属于需进行披露的事项，则需按照相关规定及时进行披露。

（2）实时监督、监控关联交易的合法性、合理性，确保关联交易符合国家法律法规和企业相关规定，避免法律合规风险。

（3）建立并完善控股企业须予披露交易及内幕消息披露管理制度，规范企业内幕消息的识别、上报、审批及披露工作，指定责任人负责管理企业重大事项披露工作。

（4）按照企业治理各项要求，及时识别、披露企业须予披露交易及内幕消息，确保企业符合各项规定，避免法律风险。

（5）建立并完善披露信息审查机制，确保披露信息的真实性、准确性。

（三）关联交易合规审计程序

1. 识别、确定关联方关系和关联交易

识别、确定关联方关系和关联交易是关联交易合规审计的前提和难点，主要涉及以下环节。第一，评价、了解被审计单位处理和识别关联方及其交易的程序。第二，仔细查阅股东大会、董事会会议记录及其他重要会议记录，检查有关合同、协议、发票及其他有关文件，关注关联方是否发生新的变动。第三，查阅主要投资者、关键管理人员名单。第四，对重大资产重组及投资业务方案进行审核，确定新的关联方关系。第五，查阅关联交易对外披露情况。

2. 确定或评价关联方认定及其交易合理性、公允性

第一，从交易价格上判断。例如，购买或销售商品的价格是否合理，提供或接受劳务的价格是否合理。第二，从资产转让费用的公允性上判断。对厂房转让的审计，可向土地管理部门询问土地的价格，再结合职业判断确定关联交易相关合同的定价合理性、条款的合法性；对设备转让的审计，可考虑固定资产的原值、折旧年限、已使用年限等因素。第三，从资金占用费收取比例分析。上市公司与关联方常常存在资金拆借低于或高于市场利率、借给不具备偿债能力的企业、逾期不还等资

金融通业务，关联交易合规审计中应关注企业中是否存在此类资金融通业务。

3. 评价会计处理和披露的合规性

对关联交易在会计报表附注中的恰当披露进行督促是遏制不正当关联交易发生的关键环节。关联交易合规审计应当对会计报表对关联交易的披露是否充分，所提供的识别关联方的资料是否真实、完整，对外披露是否及时、合规等情况进行评价。

（四）关联交易合规审计方案

各个企业的关联交易重点并不相同，表 3-18 所列的关联交易合规审计方案仅供参考。

表 3-18　关联交易合规审计方案

审计重点环节	审计重点 目标 / 程序	工作重点	所需资料
关联交易管理	关联方识别与维护	获取企业目前关于关联交易的制度，检查其适用性，是否及时更新；获取最新的关联方清单，检查其是否每月进行更新，根据已知的关联企业名称，核对信息是否完整、准确；检查所有勾选了关联交易项的合同，抽样回溯审批情况	《关联交易管理标准》《内幕消息披露管理制度》《常见内幕消息事件例子》，关联交易相关合同、协议、投资评审资料等
	关联交易的对账及汇报	从企业总部获取关联交易汇总表，评估是否每月更新，是否完整、准确；获取《新增关联交易月报表》《关联交易明细表》等，评估相关工作是否按月度例行开展	
须予披露交易	须予披露交易	重点检查是否有拆分交易、绕过审批等情况	
内幕消息披露	内幕消息披露	对测试期间曾对外披露的消息，检查信息的审批过程，确定是否按制度提交审批，检查信息一致性；获取测试期间企业秘书在企业内开展的宣传和培训情况，尤其在新制度发布后的信息传递是否及时、准确	

四、总结

目前企业关联交易非关联化和隐秘性很强，外部法律法规监管对企业信息披露的要求并非停留在简单满足条文的规定方面，而是强化了企业对信息披露的主动性和自觉性，而关联交易合规审计可以促进企业关联交易管理体系的建设。

第四章　经营重点环节合规审计

从外部法规关注重点和企业内部自身发展的需要来看，合规审计需要关注的经营重点环节包括安全环保管理、合同管理、印章管理、财税等。这些环节的合规极为重要，企业一旦违反相关法律法规，不仅会受到法律法规的严厉制裁，管理不善还会影响自身的发展。

第一节
安全环保管理合规审计

2015 年 1 月 1 日，新修订的《中华人民共和国环境保护法》（以下简称《环保法》）正式实施。修订后的《环保法》强化了企业污染防治责任，加大了对环境违法行为的法律制裁力度，无论管理手段还是处罚措施都十分严格，涉及的领域也十分广泛。可见，安全环保管理日趋受到重视，安全环保管理合规审计也越发重要。

一、安全环保管理合规义务清单

安全环保管理是指企业依据国家相关法律法规，结合自身情况，建立健全安全与环保管理制度，保护和改善工作环境，保障员工身体健康和工作安全，维护周边群众利益。新修订的《环保法》确立了多重的监督机制，除明确了政府的监督管理职责外，还引入了社会监督，包括公众参与、公益诉讼、舆论监督等方式；建立黑名单制度，将环境违法信息记入社会诚信档案，及时向社会公布违法者名单；监管手段更加强硬，规定了相关部门可以查封、扣押违法企业的相关资产。

安全环保管理合规审计的第一步是梳理安全环保合规义务清单（见表 4-1），并通过该清单检查企业安全环保管理是否符合国家相关法律法规的要求。

表 4-1　安全环保合规义务清单

合规义务台账		合规审计符合项
法律法规名称	说明	
《中华人民共和国固体废物污染环境防治法》	固体废物污染防治工作合法合规进行的依据	
《危险废物转移联单管理办法》		
《关于加强废弃电子电气设备环境管理的公告》		
《国家危险废物名录》		
《废弃危险化学品污染环境防治办法》		
《电子废物污染环境防治管理办法》		
《危险废弃物贮存污染控制标准》		
《废弃电器电子产品回收处理管理条例》		
《环保法》	废水排放合法合规进行的依据	
《中华人民共和国水污染防治法》		
《中华人民共和国水污染防治法实施细则》		
《污水综合排放标准》		
《中华人民共和国水法》		
《环保法》	大气及粉尘排放合法合规进行的依据	
《中华人民共和国大气污染防治法》		
《水泥工业大气污染物排放标准》		
《环保法》	噪声排放合法合规进行的依据	
《中华人民共和国环境噪声污染防治法》		
《建筑施工场界环境噪声排放标准》		

（续表）

合规义务台账		合规审计符合项
法律法规名称	说明	
《中华人民共和国节约能源法》	能（资）源使用合法合规进行的依据	
《国务院关于加强节能工作的决定》		
《城市节约用水管理规定》		
《中华人民共和国清洁生产促进法》		
《危险化学品目录》	化学品管理合法合规进行的依据	
《危险化学品安全管理条例》		
《危险化学品贮存通则》		
《中华人民共和国消防法》	消防安全管理合法合规进行的依据	
《消防监督检查规定》		
《中华人民共和国特种设备安全法》	特种设备管理合法合规进行的依据	
《中华人民共和国安全生产法》		
《固定式压力容器安全技术监察规程》		
《特种设备事故报告和调查处理规定》		
《中华人民共和国劳动法》	职业健康相关工作合法合规进行的依据	
《中华人民共和国职业病防治法》		
《劳动密集型加工企业安全生产八条规定》		
《用人单位职业病危害因素定期检测管理规范》		
《用人单位职业病危害防治八条规定》		
《企业安全生产风险公告六条规定》		
《中华人民共和国安全生产法》	安全生产合法合规进行的依据	
《安全生产许可证条例》		
《女职工劳动保护特别规定》		
《企业职工劳动安全卫生教育管理规定》		
《中华人民共和国工会法》		

二、安全环保管理风险清单

安全环保管理合规审计的第二步是梳理企业制定的安全环保管理相关制度，建立安全环保管理风险清单（见表 4-2），并对具体业务流程是否符合相关制度进行穿行测试。

表 4-2　安全环保管理风险清单

企业制度	主要业务活动		具体措施	合规审计风险评估结果
《环境保护管理办法》《后勤系统安全管理规定》《应急管理规定》《EHS教育管理规定》《EHS检查与隐患治理规定》《EHS事故管理规定》《消防安全管理规定》《重特大事件综合应急预案》	安全环保制度与流程管理	安全环保制度与流程的建设及维护	检查企业是否建立书面、有效的关于安全环保的制度及流程，指引安全环保工作开展	检查企业安全环保相关的制度及流程是否缺失，是否缺乏指引、约束；检查企业是否存在安全环保相关制度与流程未经审核及审批，导致内容不合理或缺乏执行力的情况
			检查企业安全环保相关制度是否得到有效宣传，是否被相关方知悉及有效执行	检查企业安全环保相关的制度与流程是否被员工知悉
				检查企业安全环保制度与流程是否被与企业业务往来方知悉
		政策信息的收集	检查企业能否及时、有效地收集与安全环保相关的法律法规，并及时传达至相关人员或在企业内部做出应对调整	检查企业是否及时收集适用的法律法规及其变更条例，并予以传达或对现有制度及流程进行修正；检查企业法规风险是否得到有效控制

（续表）

企业制度	主要业务活动		具体措施	合规审计风险评估结果
《环境保护管理办法》《后勤系统安全管理规定》《应急管理规定》《EHS教育管理规定》《EHS检查与隐患治理规定》《EHS事故管理规定》《消防安全管理规定》《重特大事件综合应急预案》	安全环保制度与流程管理	安全环保工作职责管理	检查企业安全环保工作职责划分是否明确，且通过有效的考核或问责机制保证落地	检查企业职责划分是否模糊，安全环保工作是否缺乏问责及考核机制，以及机制是否失效
	安全环保风险管理	安全环保风险的识别、评估与控制	检查企业是否识别及定期评估安全环保风险，是否使已识别风险得到有效理解并制订行动计划以达到控制目的	检查企业是否缺乏识别及定期评估安全环保风险机制；检查企业所暴露的风险是否可控
			检查企业是否已识别风险并进行调查、分析，制定应对方式，跟进执行结果，使已识别风险可控	检查企业是否对已识别风险进行调查、分析，制定应对方式，并跟进执行结果；检查企业所暴露的风险是否可控
			检查企业是否存在重大风险应急机制，通过预先计划和应急措施降低损失	检查企业是否缺乏重大风险应急机制，风险发生时，损失是否重大
	安全环保工作计划管理	安全环保工作计划的制订、监督及考核	检查企业是否制订安全环保工作计划，确保安全环保工作有序、合理开展	检查企业是否缺乏安全环保工作计划，安全环保工作计划能否有效执行
				检查企业是否对安全环保工作计划缺乏有效监督和考核机制，安全环保工作能否有效开展

（续表）

企业制度	主要业务活动		具体措施	合规审计风险评估结果
《环境保护管理办法》《后勤系统安全管理规定》《应急管理规定》《EHS教育管理规定》《EHS检查与隐患治理规定》《EHS事故管理规定》《消防安全管理规定》《重特大事件综合应急预案》	安全环保事故管理	安全环保事故汇报、调查及处置	检查企业是否对安全环保事件予以及时汇报、调查、处理、总结	检查企业安全环保事件发生后是否及时汇报，事件是否得到及时、足够的关注和处理，事件是否恶化；检查企业是否对风险采取控制措施，此类事件发生风险是否增高
	证照管理		检查企业特殊岗位操作人员是否均有认证证照，是否规定无证人员不可从事相关操作	检查企业无证人员是否从事相关特殊操作，工作是否失误，人身或财产安全是否受到损害；检查企业是否对特殊操作人员证照进行有效登记及维护；检查企业是否存在相关人员证照过期而继续上岗导致安全隐患风险上升的情况
	安全环保知识、操作程序的培训		检查企业是否定时、有针对性地对员工开展安全环保相关培训，使得安全环保程序、制度被有效宣传，员工安全环保意识增强	检查企业是否对员工进行培训；检查企业员工安全环保意识是否薄弱，安全环保知识、技能是否缺乏

三、安全环保管理重点环节合规审计

安全环保管理合规审计的第三步是制定有针对性的审计方案并开展有的放矢的

合规审计工作。

（一）安全环保管理合规审计目标

（1）评估企业是否建立完善的安全环保管理体系。

（2）有效监督企业安全环保管理是否符合国家相关法律法规的要求。

（3）检查企业是否存在涉及安全、消防、职业卫生、环保方面人的不安全行为、物的不安全状态及管理缺陷。

（4）检查企业是否通过合同或协议明确相关方的权利与义务，以控制安全环保风险。

（5）评价企业现有安全环保管理体系是否存在重大隐患。

（二）安全环保管理合规审计方案

安全环保管理合规审计是一项系统、专业的工作，因此审计过程中往往需要借助安全环保部门的专业力量形成联合审计组，利用安全环保专业知识加上合规审计的方法，达到一加一大于二的效果。安全环保管理合规审计方案如表 4-3 所示。

表 4-3　安全环保管理合规审计方案

审计重点环节	审计重点目标 / 程序	工作重点	所需资料
安全环保制度与流程的建设及维护	企业建立书面、有效的安全环保制度及流程，指引安全环保工作的开展	查看过去 6 个月内任意一笔新发布 / 更新的制度，获取其审批依据，检查是否按文件控制程序进行有效审核及审批	《环境保护管理办法》《后勤系统安全管理规定》《应急管理规定》《EHS 教育管理规定》《EHS 检查与隐患治理规定》《EHS 事故管理规定》《消防安全管理规定》

（续表）

审计 重点环节	审计重点 目标/程序	工作重点	所需资料
安全环保制度与流程的建设及维护	安全环保制度得到有效宣传，被相关方知悉并有效执行	1. 随机询问 1 名 EHS 维护人员，询问其对其职责是否知晓 2. 随机询问 1 名操作员，询问其对最新发布的制度流程是否了解、对本工作岗位涉及的安全规定是否了解 3. 检查最近 6 个月的培训记录 4. 抽取过去 6 个月中（若 6 个月内无更新，则将样本扩大至 12 个月）任意一份更新或新发布的 EHS 相关制度 5. 查看体系管理专员是否将新增或更新制度以邮件形式通知安全环保部经理、品质管理部经理及涉及部门 EHS 维护员 6. 查看外部控制（External Contral，EC）系统"文控中心"是否已上传对应制度供员工查看 7. 选取过去 12 个月发生的任一租赁经营项目、工程项目，查看企业是否与对应承租人或承包商签订有关安全环保协议，以明确双方的安全环保权益	《三标一体维护网络图》《安全环保信息交流控制程序》《承包商安全管理规定》《对相关方施加影响控制程序》
政策信息的收集	能够及时、有效地收集与安全环保相关的法律法规，并及时传达至相关人员，或者在企业内部做出应对调整	获取企业最新的《环境及安全法律法规一览表》，查看安全环保部是否有专人依据《法律、法规要求及其评价控制程序》编制和更新该表	《法律、法规要求及其评价控制程序》

（续表）

审计 重点环节	审计重点 目标/程序	工作重点	所需资料
安全环保工作职责管理	安全环保工作职责划分明确，且通过有效的考核或问责机制保证落地	1.抽取总经理、分管副总及各分厂负责人中任意一位，查看其是否于本年度签署《EHS目标责任状》（该责任状应对EHS责任目标及责任内容予以说明，且责任目标实现与否直接与责任人年终奖金挂钩） 2.查看安全环保部是否依据月度检查结果编制《EHS考核汇总表》并发送至人力资源部予以处理	《经营绩效管理标准》《EHS考核管理规定》《安全生产责任制》
安全环保风险的识别、评估与控制	识别及定期评估安全环保风险，使已识别风险得到有效理解并制订行动计划以达到控制目的	1.查看安全环保部是否已建立《危险源清单》和《重要OHS风险及其控制方式一览表》，并对其进行定期审阅及更新 2.查看《危险源清单》和《重要OHS风险及其控制方式一览表》中是否对风险进行了有效评估	《管理评审制度》《危险源辨识和风险评价控制程序》《环境因素的识别与评价控制程序》《合规性评价控制程序》《安全生产检查管理规定》《直接作业环节安全监督管理规定》《不符合项管理措施》
	对已识别风险进行调查、分析，制定应对措施，并跟进执行结果，使已识别风险可控	1.查看安全环保部是否定期开展检查工作并编制对应检查报告 2.查看检查报告是否已发送至适当人员，确保检查效力 3.查看检查报告指出的问题是否已得到及时整改并予以有效记录	《管理评审制度》《安全生产检查管理规定》《直接作业环节安全监督管理规定》《不符合项管理措施》《检查与隐患治理规定》《易燃、易爆品防火控制程序》《危险化学品、油品管理控制程序》《废弃物管理控制程序》

（续表）

审计 重点环节	审计重点 目标／程序	工作重点	所需资料
安全环保风险的识别、评估与控制	检查是否制定重大风险应急机制，相关机制是否完善且可执行	检查企业是否按预案的演练要求定期组织应急演练并予以适当记录。例如，抽选某应急预案表，查看表格编制情况，是否记录了参与人员、演练地点、演练方式、演练评价、存在问题及整改方式等	《火灾应急预案》《失电应急预案》《防汛应急预案》《公共卫生应急预案》《重大突发事故综合应急预案》《环境污染事件应急预案》《火灾爆炸事件应急预案》《危险化学品事件应急预案》《破坏性地震应急预案》
安全环保工作计划的制订、监督及考核	制订安全环保工作计划，确保安全环保工作有序、合理开展	1. 获取安全环保部本年度工作计划，查看是否在 EC 系统中经分管副总经理及总经理审批 2. 选取近 6 个月中的任一月，查看安全环保部是否制订当月工作计划并通过 EC 系统报综合计划部备案 3. 选取本年度任一月，查看安全环保部是否将该月工作计划执行结果及其支持性文件以邮件形式发送至综合计划部 4. 选取企业或部门主管的年度经营管理目标责任书，查看是否纳入安全环保要素	《安保部工作计划》《经营管理目标责任书》
安全环保事故汇报、调查及处置	对安全环保事件予以及时汇报、调查、处理、总结	1. 获取《事故管理规定》，查看其是否对安全环保事件的汇报方式、调查及处置程序进行了相关规定 2. 选取过去 12 个月内发生的任意一份事故调查报告，查看是否由编制人将其以邮件形式发送至整改部门负责人并抄送安全环保部经理、总经理、分管副总经理审阅	《事故管理规定》

（续表）

审计 重点环节	审计重点 目标／程序	工作重点	所需资料
安全环保事故汇报、调查及处置	对安全环保事件予以及时汇报、调查、处理、总结	3. 访谈人力资源部主管、车间主管、操作员工等岗位，检查保险赔付记录，了解是否发生过重大安全事故，然后查看是否有对应的事故调查报告 4. 对发生重伤以上事故、重大火灾事故、爆炸事故的，检查是否按规定报送管理中心	《事故管理规定》
证照管理	法规规定的特殊岗位操作人员均有认证证照，无证人员不可从事相关操作	1. 从制造部和安全环保部分别获取特种设备人员名单，检查是否一致、正常上报，表格中是否有"到期时间"等信息跟踪的字段 2. 查看是否所有在编人员的证书都处于有效期内，如抽查仓库叉车人员的工卡，然后检查对应的证照情况（有无、是否过期）	《特种设备安全监察条例》《直接作业环节安全监督管理规定》《特种作业人员管理规定》
安全环保知识、操作程序的培训	定时、有针对性地对企业员工开展安全环保相关培训，使得安全环保程序、制度被有效宣传，员工安全环保意识增强	1. 查看安全环保部是否于年末编制来年培训计划并以邮件形式报至人力资源部备案 2. 选取任一月，查看安全环保部是否编制对应月度培训计划，并以邮件形式报至人力资源部备案 3. 查看安全环保部是否针对选取月份的培训计划，以邮件形式向人力资源部反馈其执行结果及证明文件，检查培训记录情况 4. 随机询问 1 名操作员对最新发布的制度流程是否了解、对本工作岗位涉及的安全规定是否了解	《培训管理规定》《安全教育培训管理规定》

四、总结

安全环保管理审计需要加强安全环保制度制定及制度执行的审查，同时可以借鉴内控测试的方法，即通过编制测评表的方法对安全环保管理的风险进行梳理，从整体上审计安全环保管理体系的设计、运行情况，排查重大的风险隐患及专项资金的使用情况。

第二节
合同管理合规审计

伴随着市场经济的发展，企业经营中涉及的合同类型呈现出复杂化、多样化的发展趋势，合同风险屡见不鲜，企业面临的法律风险不断增加。合同中的每一个字、每一个词都关系着企业利益，合同中有关权利与义务的文字表述稍有不当，就会影响交易安全性。一份内容不当的合同，常常给企业带来不可估量的损失。

合同风险主要分为两类：一是合同本身风险；二是合同履约风险。合同本身风险即合同条款形成的风险，主要包括合同价格、结算方式、合同期限、支付条款等风险。合同履约风险即在合同执行过程中形成的风险，一般包括一方无法按条款履行造成另一方损失的风险。

一、合同管理合规义务清单

合同管理的特点是以《民法典》的相关规定为合同编制基础，以企业的各类型合同模板为抓手，以合同签订流程为重点，由专业的律师定期对合同模板进行修订和对签订流程进行审核，确保企业的各类型合同模板和合同签订流程具备合法性、准确性、完整性、预防性。

合法性即合同条件应符合国家相关法律法规，尤其不能涉及违反法律精神和显失公平的条款。

准确性即合同文字表述清楚、明确、严谨、没有歧义。合同条款准确，包括当事人的名称或姓名、住所、标的名称、标的数量及质量、价款或报酬、履行期限、履行地点和方式、违约责任及解决争议的方法都表述准确。

完整性即合同管理应当包括有序的多个环节，各个环节都需要恰当的管理，不能遗漏和偏废。第一，合同签订准备阶段，如了解对方资信、确定合同内容等，是合同管理的基础阶段。第二，审核签订阶段，如确定合同条款、按照规定的流程审核等，是合同管理的核心阶段。第三，依约履行阶段，如己方履约、关注对方履约等，是实现合同管理目标的关键阶段。

预防性即合同设计应以预防合同纠纷、防范经营风险为主，以解决合同纠纷、分解经营风险为辅。第一，合同设计管理的主要目的在于预防潜在经济风险，而不是如何处理已有的经营纠纷。第二，不存在合同隐患、没有发生合同纠纷，是合同管理的成效与目标。第三，重点关注合同的谈判、审核、签订等阶段，同时注意合同履行与争议处理。

合同管理合规审计的第一步是梳理合同管理合规义务清单（见表4-4），并通过该清单检查企业各类型合同模板是否符合国家相关法律法规。

表 4-4　合同管理合规义务清单

合规义务台账		合规审计符合项
法律法规名称	条款	
《民法典》合同编第一分编　通则	第一章　一般规定	
	第二章　合同的订立	
	第三章　合同的效力	
	第四章　合同的履行	

（续表）

合规义务台账		合规审计符合项
法律法规名称	条款	
《民法典》合同编第一分编　通则	第五章　合同的保全	
	第六章　合同的变更和转让	
	第七章　合同的权利义务终止	
	第八章　违约责任	
《民法典》合同编第二分编　典型合同	第九章　买卖合同	
	第十章　供用电、水、气、热力合同	
	第十一章　赠与合同	
	第十二章　借款合同	
	第十三章　保证合同	
	第十四章　租赁合同	
	第十五章　融资租赁合同	
	第十六章　保理合同	
	第十七章　承揽合同	
	第十八章　建设工程合同	
	第十九章　运输合同	
	第二十章　技术合同	
	第二十一章　保管合同	
	第二十二章　仓储合同	
	第二十三章　委托合同	
	第二十四章　物业服务合同	
	第二十五章　行纪合同	
	第二十六章　中介合同	
	第二十七章　合伙合同	
《民法典》合同编第三分编　准合同	第二十八章　无因管理	
	第二十九章　不当得利	

二、合同管理风险清单

在合同管理合规审计中，确认完合同模板和合同签订流程是否符合国家相关法律法规后，审计人员应重点查核各类合同是否按照要求签订，是否存在风险。合同管理合规审计的第二步是梳理企业制定的合同管理相关制度，建立合同管理风险清单（见表 4-5），并对具体业务流程是否符合相关制度进行穿行测试。

表 4-5　合同管理风险清单

企业制度	主要业务活动／程序		控制活动	合规审计风险评估结果
《合同管理办法》《合同编码规则》《商业秘密管理办法》	合同与印章管理制度	建立制度对合同签订、履行、变更及纠纷处理流程进行规范，确保不相容职责相互分离	管理制度不完善、岗位职责分工不明确，可能会导致管理混乱	企业制定《合同管理办法》，对各部门的合同管理职责、合同分类及审查会签流程、合同审核与审查范围、合同的签订、合同的履行、合同的变更和解除、合同纠纷的处理、合同的归档等方面做出规定
		确保关键权限仅授予恰当人员，并且不相容职责得到恰当分离	企业未能对关键权限进行分离，可能导致舞弊风险，影响企业资产安全	企业合同管理实施有效的权责分离机制，如合同的编制、履行人员为业务部门人员，审核人员为业务部门负责人、分管副总、总经理、法务人员、财务人员

（续表）

企业制度	主要业务活动／程序		控制活动	合规审计风险评估结果
《合同管理办法》《合同编码规则》《商业秘密管理办法》	标准合同模板管理	确保针对不同业务制定标准合同模板，且确保合同模板维护恰当、合法合规	法务部定期（每年）组织各业务条线梳理涉及合同签订的业务类型，并评估现有合同模板类型及条款的适用性。法务部汇总各业务条线意见后，提交各业务条线分管领导会审 合同模板的新增／修订：若经过评审需新增／修订业务合同模板，应由相关职能部门和法务人员分别负责编制／修订合同模板的商业条款和法律条款，编制／修订完毕后，经相关职能部门经理、法务风控部经理、分管副总审核后，提交至法务部审批、备案，法务部审批通过后，正式下发文件，各业务条线参照执行 合同模板的系统内维护：法务部负责将新增／修订完成的合同模板同步至系统中，方便各业务条线职能部门选取／使用适当的合同模板。法务部每年组织复核合同模板，以确保其完整性和有效性	

（续表）

企业制度	主要业务活动／程序		控制活动	合规审计风险评估结果
《合同管理办法》《合同编码规则》《商业秘密管理办法》	合同订立	合同签订前，调查合同对象的主体资格和资信情况	忽视对合同对象主体资格和资信情况的调查，将不具有相应民事权利能力和民事行为能力的主体作为合同对象，可能会导致合同无效，引发潜在风险	业务经办部门人员对外签订合同前，需对对方的法人资格、经营范围、相关资质及业绩、履行能力及代理人权限等情况进行调查，确保对方具备履约能力	
		确保合同的订立经过相关部门的审查，符合规定；并确保在合同条款中企业利益和诉求得以充分体现	未对合同签订流程进行适当审核，可能会导致合同不合法合规的情况未能被及时发现，给企业带来潜在风险	业务经办部门人员根据具体项目选择适当的合同模板，并在合同模板基础上修订内容以符合具体的业务情况，随后将修订完成后的合同草稿通过邮件方式发送至法务人员进行初步审核；法务人员初审通过后方可发送给签订对象确认签订对象确认无误后，业务经办部门人员可通过审批系统、法务系统同步发起合同审核流程。合同在系统中按企业授权体系执行审核后，业务经办部门人员应打印合同文本。业务经办部门人员、法务人员在合同文本上进行每页小签后，业务经办部门人员将合同提交至机要秘书处加盖合同专用章	

（续表）

企业制度	主要业务活动/程序		控制活动	合规审计风险评估结果
《合同管理办法》《合同编码规则》《商业秘密管理办法》	合同订立	保证合同谈判沟通完整，合同条款确立准确	未就争议较大的合同条款邀请专业人员进行谈判，可能会导致合同内容商讨不完全，给企业带来不必要的损失	对于存在较大争议的合同条款，应由业务经办部门人员、法务人员、技术人员和财务人员等共同参加与签约方的谈判，以明确商务条款，保障企业权益
		确保合同涉及的商业秘密和技术秘密在合同的订立和履行过程中得到有效保护	合同保密措施不规范，可能会导致企业商业秘密和技术秘密泄露	与涉密合同相关人员签署保密协议，要求其不得以任何形式泄露合同订立与履行过程中涉及的商业秘密和技术秘密；同时，若为涉及商业秘密或技术秘密的重大合同，除合同外，需与对方签订保密协议，以约束双方的保密义务
		确保合同的签署和用印合法合规	合同签署和用印未经适当授权，可能会导致合同效力无法得到有效保障，导致企业损失	合同通过法务系统、审批系统完成审批流程后，业务经办部门人员应打印合同文本，由业务经办部门人员、法务人员进行每页小签后，送至机要秘书处加盖合同专用章。盖章时，机要秘书应在用印登记表中记录日期、经办人、合同名称等内容

（续表）

企业制度	主要业务活动 / 程序		控制活动	合规审计风险评估结果
《合同管理办法》《合同编码规则》《商业秘密管理办法》	合同变更	确保合同的变更经过相关部门的审查，按规定程序及时报告，按照规定权限和程序妥善办理合同变更事宜	发现合同条款显失公平，或者对方有欺诈行为等情形时未能及时变更合同条款，可能会导致企业利益受损	合同需要变更/补充时，需由业务经办部门人员通过法务系统和审批系统同步发起合同变更/补充申请，并将原有合同作为附件上传；合同变更/补充申请经企业授权体系审批通过后，由业务经办部门人员打印合同文本，并经过业务经办部门人员、法务人员进行每页小签后，送至机要秘书处盖章	
	合同履行监督	合同履行进程需得到及时、有效的跟踪及监控，以确保合同条款的切实履行	合同约定未得到恰当履行，可能会导致企业利益无法得到有效保障	业务经办部门人员具体负责合同的履行，并定期对签约方合同履约情况进行评价。如出现合同履约问题，业务经办部门人员应及时督促相关人员解决，并报告部门经理；若需法律支持，则应及时征求法务人员意见，必要时协调业务经办部门、法务人员与对方协商解决	
		按照合同条款内容办理业务结算	未按合同规定期限、金额或方式付款，或者在没有合同依据的情况下盲目付款，可能会给企业造成经济损失	业务经办部门人员根据合同约定通过 ERP 系统发起付款申请，并将发票、合同原件作为附件上传，经企业授权系统审批通过后，财务部办理付款手续	

（续表）

企业制度	主要业务活动／程序		控制活动	合规审计风险评估结果
《合同管理办法》《合同编码规则》《商业秘密管理办法》	合同履行监督	加强合同登记和存档管理	合同档案不全，合同登记和保管不当	各业务经办部门负责对合同正本进行妥善保管；每年年末，档案室人员应组织各部门对当年合同进行梳理，并在收集各部门待归档合同后，统一归档并登记合同台账	
	合同纠纷处理	确保合同发生纠纷时处理得当，保证企业的经济利益	合同纠纷处理不当，可能会导致企业诉讼失败、经济利益受损	业务经办部门首先应与对方协商和沟通，并通过签订谅解协议的方式明确协商解决方案；若协商无效，业务经办部门需收集相关资料提供至法务部并就纠纷情况进行说明。法务人员可根据纠纷情况采取仲裁或诉讼方式解决，必要时可外聘律师协助解决	
	合同终止处理	确保合同终止经过企业审核，以合理保证企业的经济利益	合同终止时未按规定执行，可能会导致企业经济利益受损	合同履约期间发生尚未履约完成但需终止合同的情况时，需由业务经办部门提出申请说明合同执行情况和终止原因，并附上签约方相关材料一同提交至法务部审核。申请经审核，经企业授权体系审批通过后，业务经办部门与对方签订补充协议并加盖印章，终止合同	

三、合同管理重点环节合规审计

合同的订立、履行、解约等过程中有非常多的风险。在合同订立环节，审计人员应该注意合同相对方是否有履行合同的相关资质、合同的设计是否具有可操作性、相关条款是否好履行、合同违约责任的设定、合同生效的条款、争议解决机制的规定等。在合同履行环节，审计人员应该注意履行的阶段、对方违约的风险等。合同管理合规审计的第三步是制定有针对性的审计方案并开展有的放矢的合规审计工作。

（一）合同管理合规审计目标

1. 签订合同的必要性

（1）判断合同是否符合企业生产经营活动的需求。

（2）判断企业现有资源能否满足项目的需求。

2. 签订合同的合法性

（1）判断合同是否符合国家法律规定，是否有损害国家利益的问题。

（2）判断合同是否符合企业的经营方针、政策，能否给企业带来预期利益。

（3）判断对方的主体资格是否合法，签订合同的当事人是否有签订合同的权限。

（4）判断对方是否有履约能力和诚意。

（5）判断选择对方签订合同的理由是否充分。

3. 合同条款的正确性

（1）判断当事人的名称或姓名和住所条款是否按照规定填写。

（2）判断是否清楚写明标的名称、标的是否具体化和特定化，包括具体的品种、型号、规格、等级、花色、产地、商标等特征是否准确界定。

（3）判断标的数量和计量单位表述是否准确。

（4）判断质量条款表述是否准确。

（5）判断价款和酬金是否明确合理，价款支付条款是否规范。

（6）判断合同履行的期限、地点和方式是否明确合理，保修期是否符合国家或行业规定。

（7）判断违反合同的责任区分是否明确，是否明确违约条款及赔偿金额。

（8）判断解决争议的方法是否明确。

（9）判断其他约定的表述是否准确，是否可操作。

4. 合同履行的规范性

（1）判断是否明确各级合同管理机构的职责、权限，是否有专人负责合同的履行和审批。

（2）判断合同履行、变更或解除是否符合条件，手续是否完备。

（3）判断未履行或未完全履行合同的原因是否有说服力。

（4）分析合同价款计算方式的科学性、合理性。

（5）检查价款的收取和支付情况。

（6）检查违约责任和纠纷处理是否均按约定执行。

（7）检查合同保管和存档情况。

（二）合同管理合规审计方案

合同管理合规审计方案如表 4-6 所示。

表 4-6   合同管理合规审计方案

审计重点环节	审计重点目标／程序	工作重点	所需资料
合同基础管理	企业设立专职或兼职的合同管理员，且经过相关培训或取得相应的任职资格	查询合同管理员及其相关的培训记录或资格证书	培训记录
	合同评审员的变更必须向公司法律部门提交《人员变更表》，并填写相关表单，经公司法律部门确认后，方可变更	查询合同评审员变更记录及报备情况	合同评审员变更表
	及时登记合同台账，将合同台账及合同正式文本、评审表报送公司法律部门备案	抽查若干份合同，审查合同签订时间与登记记录，审查合同台账及合同正式文本、评审表的发送记录	合同台账
	合同台账完整，合同档案资料完整	审查合同台账、档案	
	符合制度规定条件的交易必须签订合同，若限额以上业务确实无法签订合同，则按规定程序审核、审批	获取、整理销售、采购业务发生量清单，抽查是否签订合同；查询、审查所有无法签订合同业务的审批记录	采购合同
	合同专用章（公章）由总裁办、各公司总经办专人管理	查询、观察合同专用章（公章）的管理	合同用印记录
合同管理流程	经办人员在订立合同前，必须对合同对方的主体资格、资信情况、履约能力及合同标的物产权状况进行调查，要求对方提供营业执照、特定行业（建筑、监理、装饰、消防、广告等）资质证书、授权委托书等资料。特殊客户收集以上资料确有困难的，须报总经理批准	抽查若干份合同，审查主体资格等	合同双方信息、合同签核表、合同、合同履行情况统计表、合同审批记录
	对于基建、设备等的采购合同，经办人员应先提供核价部门的价格审核单，合同评审人员再予以评审	抽查若干份合同，审查其核价记录	
	合同须经合同评审员评审	审查合同评审记录；审查经办部门、总经理对评审意见的采纳情况，以及用印人的核对情况	

（续表）

审计重点环节	审计重点目标/程序	工作重点	所需资料
合同管理流程	若未按评审意见修订合同内容，经办部门负责人需说明理由，是否修改最终由总经理确定	审查合同评审记录及其修改情况	合同双方信息、合同签核表、合同、合同履行情况统计表、合同审批记录
	合同按规定权限审批	审查合同的审批	
	合同凭评审表盖章，用印人员应审查合同文本及其管理流程、手续是否完备	审查合同用印记录，抽查若干份合同文本及流程、手续	
	业务应先签订合同后办理	查询并审查合同签订时间，并与履行时间对照	
合同条款与履行	合同主要条款清晰、没有遗漏	抽查若干份合同，审查合同内容及其履行证据	
	合同双方权利、义务明确，没有歧义		
	合同生效日、有效期明确，没有歧义		
	解决争议方式应有利于我方（一般约定由我方所在地的法院管辖或仲裁委员会仲裁，在约定仲裁委员会时必须写明具体的仲裁委员会名称		
	合同不存在法律风险或对方布设的陷阱		
	合同履行证据完备		
重要合同管理	投资合同按规定和流程签订	审查所有投资合同	相关合同
	劳动合同按规定和流程签订	审查所有劳动合同，重点关注今年新增、中层以上干部、高风险岗位	
	对有争议、未执行、涉及诉讼的合同的相关记录完备，按规定报法律部门备案	查询所有有争议、未执行、涉及诉讼的合同的相关记录，审查执行和处理是否妥当	

四、总结

合同管理合规审计主要审计合同价款的认定、支付条款、结算条款、违约责任认定、争议解决方式的约定等是否符合法律法规的要求，是否存在损害企业利益的行为，是否经过相关部门的审批，是否存在超标准、超权限的签约行为，等等。合同管理合规审计并不是单独进行的，通常与采购合规审计、销售合规审计、物流运输合规审计结合进行。

第三节
印章管理合规审计

印章在企业经营管理中举足轻重，企业需要对经盖章的合同等承担相应的法律责任和义务。印章管理过程中出现的系统性风险，常常给企业带来不可估量的损失。

一、印章管理合规义务清单

印章的合法合规管理是企业内部控制的基础工作，企业应当给予足够的重视。印章管理合规审计既要关注印章实物的保管，也要关注印章使用的准确性、合理性、适用性、合法性。

印章管理合规审计的第一步是梳理印章管理合规义务清单（见表4-7），并通过该清单检查企业各类印章的备案、刻制、使用、保管、作废是否符合国家相关法律法规。

表 4-7　印章管理合规义务清单

合规义务台账		合规审计符合项
法律法规名称	条款／说明	
《中华人民共和国印章管理办法》	说明：本办法是有关印章管理的一部法律，内容主要包括印章管理、印章经营单位管理、罚则等	
《刑法》	第二百八十条："伪造、变造、买卖或者盗窃、抢夺、毁灭国家机关的公文、证件、印章的，处三年以下有期徒刑、拘役、管制或者剥夺政治权利，并处罚金；情节严重的，处三年以上十年以下有期徒刑，并处罚金。伪造公司、企业、事业单位、人民团体的印章的，处三年以下有期徒刑、拘役、管制或者剥夺政治权利，并处罚金。"	
《国务院关于国家行政机关和企业事业单位社会团体印章管理规定》	说明：该规定对于规范和加强国家行政机关和企业事业单位、社会团体印章的管理工作，起到了重要的作用	
《印章治安管理办法》	第十一条："需要更换印章的，须公告声明原印章作废后按照原来申请刻制印章的程序规定重新办理备案或准刻手续。印章遗失、被抢、被盗的，应当向备案或批准刻制的公安机关报告，并采取公告形式声明作废后，按照规定重新办理备案或准刻手续。"	
《中华人民共和国治安管理处罚法》	第五十二条："有下列行为之一的，处十日以上十五日以下拘留，可以并处一千元以下罚款；情节较轻的，处五日以上十日以下拘留，可以并处五百元以下罚款：（一）伪造、变造或者买卖国家机关、人民团体、企业、事业单位或者其他组织的公文、证件、证明文件、印章的……"	
《民法典》	第四百九十条："当事人采用合同书形式订立合同的，自当事人均签名、盖章或者按指印时合同成立。在签名、盖章或者按指印之前，当事人一方已经履行主要义务，对方接受时，该合同成立。"	

二、印章管理风险清单

印章涉及范围广，管理难度大，存在的潜在风险也较多，因此充分了解印章管理过程中存在的风险隐患，对促进企业提升印章风险防控能力和管理水平十分必要。规范印章管理主要体现在以下方面。

（1）按照法律规定建立印章刻制备案机制。刻制印章，必须由印章管理部门统一提出，经专业部门审查，报企业领导审批；经批准后，统一在公安机关指定的单位刻制并备案。

（2）建立印章管理岗位风险防控体系。印章管理岗位人员要签订法律风险岗位承诺书，明确印章管理岗位的法律风险防控职责；同时，要加强对印章管理岗位人员法律风险防范的教育。

（3）制定印章管理规定。指定印章归口管理部门，明确企业各部门印章管理职责，明晰印章刻制、使用的流程，做到有规可依、有章可循。

（4）建立统一的印章使用台账。申请使用印章的单位必须按印章管理规定履行审批程序，并经过有权部门和企业领导批准；经企业领导批准后，印章使用单位应填写统一的用印登记表。

（5）加强印章的保管。印章保管人员必须加强对印章的保管，未经企业主要领导批准，不允许将印章携带外出，特殊情况下需携带外出时，必须指定监印人随同。

（6）禁止在空白介绍信、空白纸张、空白单据等空白文件上加盖公章。如遇特殊情况需加盖公章，必须经相关领导同意。

（7）定期检查印章使用情况。企业印章管理部门应按照印章管理规定组织法律、监察等部门对所属单位印章使用情况进行检查，若发现问题应及时采取相应措施。

（8）限定印章用途和使用审批程序。企业应加强对印章的使用管理，限定其用途和使用审批程序，严格按行政公章的使用程序要求各级印章保管和使用单位。

（9）及时收缴作废印章。所属部门发生变更或被撤销后，企业印章管理部门必须收缴部门印章及用印记录；所属分公司注销后，在工商注销手续完成后，必须收缴分公司行政印章、合同专用章、财务专用章、负责人名章等全部印章及用印记录；项目部关闭后，项目部印章及用印记录必须全部上缴企业印章管理部门。

（10）仿冒印章的依法处理。在遇到仿冒本企业或项目部印章的情况时，企业印章管理部门要及时将有关情况通报法律管理部门，由法律管理部门按法律规定处理。

印章管理合规审计的第二步是根据企业印章实际使用情况，梳理印章管理风险清单（见表4-8），并对具体业务流程是否符合相关制度进行穿行测试。

表4-8　印章管理风险清单

企业制度	主要业务活动			控制活动	合规审计风险评估结果
《企业印章使用管理制度》《电子签章管理制度》	制度与权责分离	印章管理制度	印章管理制度和流程不健全、不完善，无法有效规范印章管理工作，使其有序、有效地开展	建立并定期维护印章的相关管理制度和流程，规范印章的操作	
		印章管理权责分离	企业未能对关键权限进行分离，可能导致舞弊风险，影响企业资产安全	确保关键权限仅授予恰当人员，并且不相容职责得到恰当分离	
	印鉴管理	印章的保管	未规定各类印章的归口管理部门及相关登记、记录要求，导致印章使用、管理混乱、无序，增加法律风险	确保印章登记信息完整，并妥善保管	
		电子印章管理	1.电子印章的新增及废止未经恰当审批，可能导致员工擅自刻章未被及时发现并对外发生业务往来，造成企业经济利益损失或擅自废章，影响企业正常经营活动 2.未有效管控电子印章密钥，可能导致密钥泄露后他人可绕过审批直接盖章	确保电子印章的新增及废止经恰当审批且仅指定人员拥有用印权限	

（续表）

企业制度		主要业务活动		控制活动	合规审计风险评估结果
《企业印章使用管理制度》《电子签章管理制度》	印鉴管理	印章刻制与更换	印章刻制不规范，可能导致员工擅自刻章未被及时发现并对外发生业务往来，给企业带来法律纠纷或经济损失	印章刻制经合理审批	
		刻制/更换印章	未对印章启用流程进行规范，导致印章使用责任界定不清，对正常运营造成不利影响	确保新刻印章得到妥善授权及管理	
		印章使用管理	印章使用未经审批，可能导致印章使用管理混乱，可能给企业带来法律纠纷或经济损失	确保印章使用得到恰当审批	
		印章借出管理	印章外借未经审批，可能导致印章被私自外借并用印，给企业带来法律纠纷或经济损失	规范印章借出流程，以有效避免企业财产、声誉和信用遭受损失	
		印章废止	印章废止程序不规范，导致印章管控失效，可能给企业带来法律纠纷或经济损失	确保印章废止得到恰当审批	

三、印章管理重点环节合规审计

印章管理合规审计的第三步是制定有针对性的审计方案并开展有的放矢的合规审计工作。印章管理合规审计方案如表4-9所示。

表4-9 印章管理合规审计方案

审计重点环节	审计重点目标	工作重点	所需资料
印章管理权责分离	确保关键权限仅授予恰当人员，并且不相容职责得到恰当分离	取得印章刻制/更换/销毁申请及审批记录，检查是否由不同人员申请及审批	印章刻制/更换/销毁申请及审批记录

（续表）

审计重点环节	审计重点目标	工作重点	所需资料
用印	确保合同用印合法合规	1. 现场查看合同管理员用印（线下印鉴）前，是否检查待用印版合同条款与经核准版合同条款内容的一致性 2. 取得公章、合同专用章等用印登记表，检查是否就盖章日期、合同编号、印鉴名称、经办人等进行记录	用印登记表
印章的保管	确保印章登记信息完整，并得到妥善保管	1. 现场查看各类印章，检查其是否依印章类别分别经有关部门保管并妥善存放，未使用时及时上锁 2. 取得印章清单，检查其维护的保管人与实际保管人是否一致，印章是否有缺失	印章清单
电子印章管理	确保电子印章的新增及废止经恰当审批且仅指定人员拥有用印权限	1. 取得电子印章申请及审批记录，检查电子印章的新增是否经恰当审批，并附加盖公章的授权书 2. 取得相应授权书的用印申请及审批记录，检查是否经恰当审批，且用印申请的核准日期早于授权书的用印日期（或相应电子印章新增的申请日期） 3. 随机抽取一枚已注销的电子印章，检查其是否填写印章废止/缴销申请表，就印章名称、废止/缴销原因做出说明，并经恰当人员签认 4. 现场查看每次用印前是否均需输入电子印章密钥，且该密钥不可重复使用	用印申请
印章刻制与更换	印章刻制经恰当审批	1. 取得印章清单，抽取样本检查其是否有印章刻制申请表，并就印章类型、印章名称、刻制/更换事由等做出说明 2. 检查印章刻制是否经恰当审批	印章刻制申请

（续表）

审计重点环节	审计重点目标	工作重点	所需资料
印章刻制与更换	确保新刻印章得到妥善授权及管理	取得印章清单，抽取本期内新增/刻制印章的样本，检查其是否办理印章移交手续，明确印章移交事项、保管人、交接时间等事宜，并经交接人签认	用印登记表
印章使用管理	确保印章使用得到恰当审批	1.取得公章、财务专用章等使用的申请及审批记录，查看是否经恰当审批 2.取得盖公章登记表，检查是否就盖章日期、流程编号、所盖公章名称、盖章次数、流程申请人、经办人等进行记录	
印章借出管理	规范印章借出流程，以有效避免企业财产、声誉和信用遭受损失	1.取得印章借出申请及审批记录，检查是否经恰当审批 2.取得印章借出登记表，检查是否就借章日期、流程编号、印章名称、目的地、还章日期等进行记录并经借章人签认 3.对于未能当日归还印章的情况，检查其是否签订印章使用承诺书并经恰当审批	印章使用承诺书
印章废止	确保印章废止得到恰当审批	1.取得印章清单，对于已注销且决定销毁的印章，检查其是否填写印章废止/缴销申请表，并就印章名称、废止/缴销原因做出说明 2.检查印章废止/缴销申请表是否经恰当人员签认	

四、总结

印章是企业处理内外部事务的印鉴，一般包括公章、财务专用章、合同专用章、法人代表章、发票专用章等。对合同、法律文书等各式文件中的印章的辨伪识真，是印章管理合规审计、合同管理合规审计中的重要部分。

第一，审计人员要掌握印章的种类和用途。

公章用于企业处理对外事务，如处理工商、税务、银行等外部事务时需要加盖公章。财务专用章用于签发票据，如签发支票等时需要加盖财务专用章。合同专用章通常在企业签订合同时需要加盖。法人代表章用于特定的用途，如企业签发票据时。发票专用章用于开具发票。

第二，审计人员要知道不同情况下印章的效力和合法合规的印章使用方式。

印章被盗、被抢或丢失了怎么办？发生此种情况，企业可采取以下方法处理：派出所报案、声明公章作废、办理新刻印章备案、新刻印章。

公章可以代替合同专用章吗？在合同、协议的签订中，公章和合同专用章具有同等法律效力。

合同所盖印章并非合同专用章，而是采购专用章、项目部专用章等，这样的合同是否有效？除非有证据证明相反事实，否则一般认定为有效。

公司更改名称后使用新印章，盖有原印章的合同对公司是否仍具有法律效力？有效，公司名称的变更并不影响变更后的公司承担原公司的债务，盖有原印章的合同对变更后的公司依然具有法律效力。

第三，审计人员应能识别常见的假印章。

识别常见假印章的方法如下。

（1）看字体。印章字体通常为宋体或仿宋，其他字体需要结合其他细节判断真假。

（2）看油墨均匀程度。印章是通过印泥或印油盖在文件上的，由于印章本身平面不会绝对光滑，盖印力度无法做到绝对一致，因此油墨不会很均匀，且有密密麻麻的不规则杂点；而假印章一般非常均匀、无色差。

（3）看字的形状。真印章的每个字单独看都是规规矩矩的长方形，不会扭曲或变形。

（4）看印章周围圆圈的形状。由于油墨密度和盖印力度不一致，真印章的字和圆圈的边缘细看不是绝对工整的。

（5）看位置。真印章一般都盖在文字上，被盖的文字会透过油墨显示出来；而假印章制作粗劣，常盖在空白处以免挡住文字。

第四节
财税合规审计

财税合规分为财务合规和税务合规。其中，财务合规是企业合规中的重中之重。财务管理涉及企业的各个方面，财务支出的分级审批、银行账户管理等都有严格的制度，企业必须遵守。税务合规是指企业及个人应依法依规地纳税。2021年3月，中共中央办公厅、国务院办公厅印发了《关于进一步深化税收征管改革的意见》，对深化税收征管改革做出全面部署，税务合规对企业的重要性被提升到一个新高度。

一、财税合规义务清单

随着企业财税改革的不断深入，推进财税管理数字化全面转型，数字化、专业化、合规化的财税管理成为发展趋势。特别是上市企业和拟上市企业都需要对其业务模式、会计核算等事项做出详细披露，这使得企业的会计处理、税务处理更加公开透明。在这样的背景下，企业以往存在的不合规税务处理很容易暴露。因此，企业需要更加注重增强财税合规意识。合法合规地进行账务处理、依法纳税是每家企业应尽的义务，所以企业财税合规审计非常重要。

财税合规审计的第一步是梳理财税合规义务清单（见表 4-10），并通过该清单检查企业财税管理是否符合国家相关法律法规。

表 4-10　财税合规义务清单

合规义务台账		合规审计符合项
法律法规名称	说明	
《中华人民共和国税收征收管理法》（2015 年修订）	征管类法规，涉及税收办法，发票管理办法等	
《中华人民共和国税收征收管理法实施细则》（2016 年修订）		
《中华人民共和国发票管理办法》（2019 年修订）		
《中华人民共和国发票管理办法实施细则》（2019 年修订）		
《税务登记管理办法》（2019 年修订版）		
《中华人民共和国个人所得税法》（2018 年修订）	个人所得税相关的法律法规，规定了个人所得税的征收办法、税额及税率	
《中华人民共和国个人所得税法实施条例》（2018 年修订）		
《中华人民共和国增值税暂行条例》（2017 年修订）	增值税相关的法律法规，规定了各种情况运用的不同税率和征收办法	
《中华人民共和国增值税暂行条例实施细则》（2011 年修订）		
《财政部 国家税务总局关于全面推开营业税改征增值税试点的通知》（财税〔2016〕36 号）		

（续表）

合规义务台账		合规审计符合项
法律法规名称	说明	
《中华人民共和国企业所得税法》（2018 年修订）	企业所得税相关的法律法规，规定了企业所得税的征收办法、税额及税率	
《中华人民共和国企业所得税法实施条例》（2019 年修订版）		
《中华人民共和国企业所得税法实施条例》释义		
《中华人民共和国印花税法》（2022 年 7 月 1 日起施行）	共有四大类税目，17 个明细税目	
《中华人民共和国契税法》（2021 年 9 月 1 日起施行）	规定了在中国境内转移土地、房屋权属，承受的单位和个人应按照本法规定缴纳契税的各种情况	
《中华人民共和国房产税暂行条例》（2011 年修订）	规定了房产税征收的办法	
《中华人民共和国资源税法》（2020 年 9 月 1 日起生效）	资源税相关法律法规	
《中华人民共和国资源税暂行条例实施细则》		
《中华人民共和国环境保护税法》（2018 年修订）	环境保护相关的法律法规，明确了向环境排放应税污染物的企事业单位和其他生产经营者为环境保护税的纳税人，应当依照本法规定缴纳环境保护税	
《中华人民共和国环境保护税法实施条例》		
《中华人民共和国城市维护建设税暂行条例》（2011 年修订）	城市维护建设税相关的法律法规；城市维护建设税的特征：具有附加税性质，没有特定和独立的征税对象，征收具有特定目的	
国务院办公厅对《中华人民共和国城市维护建设税暂行条例》第五条的解释的复函		

（续表）

合规义务台账		合规审计符合项
法律法规名称	说明	
《中华人民共和国土地增值税暂行条例》（2011 年修订）	土地增值税相关的法律法规，规定了在我国境内转让国有土地使用权、地上建筑物及其附着物的单位和个人，以其转让房地产所取得的增值额为课税对象而征税	
《中华人民共和国土地增值税暂行条例实施细则》		
《中华人民共和国城镇土地使用税暂行条例》（2019 年修订）	城镇土地使用税相关法律法规	
《中华人民共和国耕地占用税法》（2019 年 9 月 1 日起施行）	规定了耕地占用税相关征收办法	
《中华人民共和国消费税暂行条例》（2008 年修订）	消费税相关法律法规	
《中华人民共和国消费税暂行条例实施细则》（2008）		
《财政部 国家税务总局关于〈中华人民共和国消费税暂行条例实施细则〉有关条款解释的通知》		
《中华人民共和国车辆购置税法》（2019 年 7 月 1 日起施行）	车辆购置税相关法律法规	
《中华人民共和国车船税法》（2019 年修订）	车船税相关法律法规	
《中华人民共和国车船税法实施条例》（2019 年修订）		
《中华人民共和国船舶吨税法》（2018 年修订）	船舶吨税相关法律法规	
《中华人民共和国烟叶税法》	烟叶税相关法律法规	

（续表）

合规义务台账		合规审计 符合项
法律法规名称	说明	
《中华人民共和国海关法》（2017 年修订）	关税相关法律法规	
《中华人民共和国进出口关税条例》（2017 年修订）		
《国务院关于进一步完善文化经济政策的若干规定》	文化事业建设费相关法律法规	
《征收教育费附加的暂行规定》（2011 年修订）	教育费附加相关法律法规	
《财政部关于统一地方教育附加政策有关问题的通知》	地方教育附加相关法律法规	
《中华人民共和国会计法》	会计法律法规	
《中华人民共和国注册会计师法》		
《企业财务会计报告条例》		
《中华人民共和国总会计师条例》		
《企业财务通则》	财务通则／规则，涉及各类企业的财务规则	
《金融企业财务规则》		
《财政部关于印发〈企业会计准则第 1 号——存货〉等 38 项具体准则的通知》（财会〔2006〕3 号） 《财政部关于印发〈企业会计准则解释第 1 号〉的通知》（财会〔2007〕14 号） 《财政部关于印发〈企业会计准则解释第 2 号〉的通知》（财会〔2008〕11 号） 《财政部关于印发〈企业会计准则解释第 3 号〉的通知》（财会〔2009〕8 号） 《财政部关于印发〈企业会计准则解释第 4 号〉的通知》（财会〔2010〕15 号）	企业会计准则相关法律法规	

（续表）

合规义务台账		合规审计
法律法规名称	说明	符合项
《财政部关于印发〈企业会计准则解释第 5 号〉的通知》（财会〔2012〕19 号） 《财政部关于印发〈企业会计准则解释第 6 号〉的通知》（财会〔2014〕1 号） 《财政部关于印发〈企业会计准则解释第 7 号〉的通知》（财会〔2015〕19 号） 《财政部关于印发〈企业会计准则解释第 8 号〉的通知》（财会〔2015〕23 号） 《财政部关于印发〈企业会计准则解释第 9 号——关于权益法下投资净损失的会计处理〉的通知》（财会〔2017〕16 号） 《财政部关于印发〈企业会计准则解释第 10 号——关于以使用固定资产产生的收入为基础的折旧方法〉的通知》（财会〔2017〕17 号） 《财政部关于印发〈企业会计准则解释第 11 号——关于以使用无形资产产生的收入为基础的摊销方法〉的通知》（财会〔2017〕18 号） 《财政部关于印发〈企业会计准则解释第 12 号——关于关键管理人员服务的提供方与接受方是否为关联方〉的通知》（财会〔2017〕19 号） 《企业会计准则实施问题专家工作组意见》（2007年 2 月 1 日） 《企业会计准则实施问题专家工作组意见》（2007年 4 月 30 日） 《企业会计准则实施问题专家工作组意见》（2008年 1 月 21 日） 《企业会计准则——基本准则》（2014）	企业会计准则相关法律法规	

二、财税风险清单

　　财税管理是企业运营的核心，财税风险对企业的危害是非常严重的。企业的运行处在一个高度开放和动态变化的环境中，难免会产生财税风险。企业需要通过财税合规审计控制财税风险，培养员工的财税合规意识，加强财税合规管理，把财税风险降到最低。

（一）常见财税合规问题

　　部分初创企业和小微企业外部面临生存压力，内部运作机制不完善，财税架构也不健全，存在财务处理混乱、违规开票、工资拆分，以及账外资金往来频繁等问题，企业往往为此付出巨大的代价。常见的财税合规问题如下。

1. 两套账问题

　　两套账问题是指企业出于不同目的，违规对同一个会计主体编制两套账，甚至多套账的情况。常见的两套账表现有：反映企业实际经营情况的内账（管理账）、应付税务机关的外账（税务账）、为了融资建立的银行账、应对海关检查建立的海关账等。企业对外披露的账不符合相关法律法规要求，错误的会计信息会产生不良后果，甚至产生违法行为。

2. 账外资产问题

　　账外资产是指企业所拥有，但没有在财务账上反映，使得企业无法实施有效监督，容易流失的资产。常见的账外资产问题有：私设"小金库"并用其购置固定资产，主要是购置一些超过标准的资产；名为费用报销，实为购置资产；以低值易耗品名目购置资产。

3. 抽逃资本问题

　　抽逃资本是指在企业成立后，股东违反法律规定，非经法定程序擅自从企业抽回已缴纳的作为企业资产的出资，同时又继续持有企业股份的行为。抽逃资本的常见表现为，股东在企业领取营业执照后，将货币出资的一部分或全部抽走。股东抽逃的资本一般长期挂在其他应收款账上，挂账方多为股东或关联方，理由多为采购材料等；或者股东利用其身份获取企业产品，产品的销货款归股东所有，抵顶投资，使得股东先行收回投资。

4. 按开票时间确认收入问题

这一问题是指企业确认收入、缴纳税款与开票的时间并不完全一致。按照规定，只要收入符合确认条件，企业就应该确认收入、缴纳税款。企业如果按开票时间确认收入，常常会有以下问题：发货后一直不开票，不做收入处理，恶意延迟缴纳税款，产生罚款风险；财务数据与实际经营情况不符，造成财务数据失真，不能为企业经营决策提供支持；收入与成本不匹配。

5. 存货账实不符问题

存货账实不符在生产制造企业或贸易企业中是常见的，而且存货账实不符的税务风险是相当高的，是税务稽查的一大重点。存货账实不符是指企业账面上的存货与仓库里的存货不一致。存货账实不符主要表现为亏库（即账面存货大于仓库实际存货）和胀库（即实际存货大于账面存货）。企业要排查存货账实不符的原因，不管亏库还是胀库，除了要面临税务方面的风险，还要面临资产损失的风险。

6. 账面记录瑕疵问题

账面记录瑕疵问题类型繁多，常见问题有以下几类：记账凭证汇总表不平，总分类账不平，各明细分类账户的余额之和不等于总分类账有关账户的余额；银行存款账户调整后的余额与银行对账单的金额不符等。而造成这些问题的原因有以下几种：第一种，会计原理、原则运用错误，例如，在会计凭证的填制、会计科目的设置、会计核算形式的选用、会计处理程序的设计等会计核算的各个环节出现不符合会计原理、原则、准则规定的错误；第二种，记账错误，可归纳为漏记、重记、错记三种错误；第三种，计算错误，主要表现为运用计算公式错误、选择计算方法错误、选定计量单位错误等。

7. 发票流、货物流、资金流"三流"不一致问题

"三流"一致一般是指资金流、发票流和货物流（劳务流）相互统一。具体来说，不仅收款方、开票方和货物销售方或劳务提供方必须是同一个经济主体，而且付款方、货物采购方或劳务接受方必须是同一个经济主体。"三流"一致通常是税务机关判定交易是否真实的依据。"三流"不一致可能会导致企业的增值税进项税额不能抵扣，被追补税款及滞纳金，甚至会缴纳相应的罚款。

8. 无票支出问题

大额的无票支出一直是财税合规监管的重点，需要引起审计人员的重视。所谓无票支出，就是企业真实发生业务但没有取得发票。企业发生了大额支出却取不到发票，会造成企业利润虚高，导致企业要支付额外的企业所得税，这无形中会给企业带来很重的负担，同时也会使企业面临税务处罚风险。常见的无票支出原因有以下几种：第一种，企业希望获得较低的采购价格，为了扣除"税点"的费用便不让供应商开票，造成无票支出，这种情况常见于小规模纳税人企业和管理不规范企业；第二种，供应商为了偷漏税款，用个人账户收款同时拒绝开票，造成无票支出，这种情况常见于零星采购和办公用品类采购；第三种，供应商为免税企业，不提供发票。

9. 不合规票据问题

不合规票据形式多样，《中华人民共和国发票管理办法》第二十三条规定，开具发票应当按照规定的时限、顺序、栏目，全部联次一次性如实开具，并加盖单位财务印章或者发票专用章。常见的不合规票据有：未填写付款方全称的发票；变更品名的发票，如购买的是烟酒，而开票成办公用品；大头小尾发票，指开票方将发票联按照正常金额开票，而存根联按照较小的金额开票；发票专用章不合规发票；票面信息不全或不清晰发票。

10.虚开发票问题

虚开发票是一种很严重的违法行为，如未发生业务却开具发票、发生业务但是开具与实际业务不符的发票等，都会使企业产生财税风险。

11.账户套现问题

账户套现是指企业利用非正常的手段将账户里的款项提取出来，套现的形式和方式有很多种，往往伴随着非正常的资金用途，如洗钱甚至贪污等严重的违规行为。

12.财政性资金不符问题

财政性资金往往是具有明确用途的拨付资金，实际使用过程中常常有以下几种问题：虚报冒领专项资金，如捏造项目向上申报专项资金；以同一项目申请不同的专项资金；多报数量；挤占挪用专项资金等。

（二）财税合规体系建设

企业首先要规范业务流程管理，保证业务和经营合法合规，构建财税合规预警和自查工作机制，以使合规管理的工作前置，发挥前瞻性管理优势。具体而言，企业要优化财税合规管理措施，明确财税合规自查指标，定期点检。财税风险清单如表 4-11 所示。

表 4-11 财税风险清单

法规／政策	主要风险		应对措施	合规审计风险评估结果
《会计档案管理标准》《付款管理办法》《信用及应收账款管理标准》《应收、预付账款管理标准》《内部交易结算管理办法》《企业成本核算标准》《税务管理标准》《财务管理标准》《财务分析管理标准》《财务管理原则与体制管理标准》《费用报销管理规定》《资产管理标准》《长期资产管理标准》《关联交易管理标准》	财税管理制度方面的风险	无法确保会计政策／会计估计的合规，无法满足业务核算要求	无统一的会计政策和估计，导致财务管理和财务错漏报风险上升	企业基于国家统一政策和自身状况，编制统一的会计制度，包括但不限于： 1. 固定资产的管理与核算制度，应明确固定资产的折旧方法、年限等 2. 成本费用的报销与核算制度，应明确成本确认的方法、费用报销的授权权限体系等 3. 收入与应收账款的管理与核算制度，应明确收入确认的方法、应收账款的核销方法、坏账准备的计提方法等 4. 内部交易的管理与核算制度，应明确内部交易的核算方法 5. 税务管理制度，应明确税务筹划和税款申报缴纳的内容 6. 会计档案管理制度，应明确会计档案的访问、内容和保管制定 7. 财务分析管理制度，应明确财务分析的内容和汇报路径 8. 合并报表的管理制度，应明确合并报告的依据是中国会计准则还是国际财务报告准则 9. 关联交易的管理制度，应明确关联交易的管理标准，须予披露的关联交易类型、内幕消息的披露内容等	
	财务业务权责未分离的风险	不相容职责未有效分离	不相容职务由同一人员兼任，从而增加舞弊的风险	实施有效的权责分离机制，以下权限由不同人员掌握，并作为在ERP系统设置权限权限的依据，以确保不相容职责的有效分离： 1. 会计分录的录入与复核，审批； 2. 关联交易的申请与复核； 3. 财务报表的编制与复核，审批； 4. 会计科目新增／更新的申请与审批、维护； 5. 税务规划方案的制定与审核； 6. 税费的计算与审核、入账	

（续表）

法规/政策	主要风险		应对措施	合规审计风险评估结果
《会计档案管理标准》《付款管理标准》《信用及应收账款管理办法》《应收、预付账款管理标准》《内部交易结算管理办法》《企业成本核算标准》《税务管理标准》《财务分析管理标准》《财务管理原则与体制管理标准》《费用管理标准》《资产管理规定》《资产管理标准》《长期资产管理标准》《关联交易管理标准》	会计系统设置方面的风险	设置不合理会降低会计处理的效率，影响财务数据的完整性和准确性　未设置必要的自动控制程序，可能降低会计处理效率，影响财务报告的完整性和准确性	财务系统中应统一设置合理的自动控制，以提高财务处理的准确性和效率 1. 分录连续编号：每月的全部会计分录均输入财务系统并生成电子凭证，凭证全部由系统自动连续编号，保证完整性 2. 校验平衡：系统自动校验凭证的借贷平衡，以确保凭证录入正确 3. 职责分离：系统限制凭证的编制人与审核人不能为同一人，以确保职责分离 4. 创建和删除分录：系统限制未经审核的凭证无法进行过账，已过账的凭证不可删除和修改，以避免未经授权的凭证更改/删除 5. 关账控制：系统限制若结账时仍有转入当期未完成的期末事项，无法关结账，以确保所有凭证均未转入当期报告；关账前，经过恰当审核。关账后调整，必须经过反结账流程审批后才能重新结账 6. 账期控制：按照企业会计准则的要求，经过适当的审核流程，以确保经济业务记录在恰当的会计期间 7. 权限控制：各系统权限设置要符合不相容职责分离原则	
	会计科目维护方面的风险	会计科目的设置不合理或者不统一，导致财务核算缺乏依据	1. 企业统一规定会计科目的编码，确保会计科目的设置符合会计原则 2. 确保会计科目等会计主数据，只有系统管理员权限可以编辑，且系统管理员权限得到有效控制	

（续表）

法规/政策	主要风险		应对措施	合规审计风险评估结果
《会计档案管理标准》《付款管理标准》《信用及应收账款管理办法》《应收、预付账款管理标准》《内部交易结算管理办法》《企业成本核算管理标准》《税务管理标准》《财务分析管理标准》《财务管理原则与体制管理标准》《费用报销管理规定》《资产管理标准》《长期资产管理标准》《关联交易管理标准》	会计分录编制与审核方面的风险	会计凭证记录的真实性、准确性未得到有效保证，可能导致财务报告的错报、漏报	1. 所有用于记账的原始单据都经过审核，是真实且合规的 2. 会计记账员的会计权限符合会计任职的要求 3. 会计凭证由具有会计从业资格的记账员录入，所有凭证需经过复核员审核 4. 会计凭证符合会计原则的要求	
	财务结账方面的风险	未能确保所有的会计凭证及时入账，未能按各项操作的时间节点，准确地结账时，未按期完成结账工作	1. 制定完善的结账流程，明确关账前需完成的任务、各项任务完成时间、负责人、注意事项等 2. 确保每月的结账业务都按照相关制度的要求规范执行 3. 建立结账考核制度，对每月结账的准确率、及时率进行考核	

（续表）

法规/政策	主要风险	应对措施	合规审计风险评估结果
《会计档案管理标准》《付款管理标准》《信用及应收账款管理办法》《应收、预付账款管理标准》	财务部按完成结账前未在系统中检查试算平衡表，无法保证结账和账户记录的正确性 结账前，未进行试算平衡工作，可能导致财务报告的错报、漏报	结账前，应建立试算平衡工作机制，通过ERP系统预设程序，生成试算平衡表并校验科目余额是否与总账金额一致，若出现异常，ERP系统无法完成结账流程，应由财务人员查找错误原因并予以修改	
《内部交易结算管理办法》《企业成本核算标准》《税务管理标准》《财务分析管理标准》《财务管理原则与体制管理标准》《费用报销管理规定》《资产管理标准》《长期资产管理标准》《关联交易管理标准》	财报错报、漏报风险 反关账流程未经审核、相关人员可随意调账，可能导致财务报告的错报、漏报 关账后发现的账务错误的处理，未经审批后进行反关账，造成错报风险	1. 财务报告上报前，财务人员若发现账务处理错误，应提交调账申请单至财务负责人审核，通过后由财务部各业务模块负责人进行调账 2. 财务报告上报后，由于财务人员无反关账权限，应由财务部审核，并向财务分管副总申请总账调账处理	

（续表）

法规/政策	主要风险		应对措施	合规审计风险评估结果
《会计档案管理标准》《付款管理标准》《信用及应收账款管理办法》《应收、预付账款管理标准》《内部交易结算管理办法》《企业成本核算标准》《税务管理标准》《财务分析管理标准》《财务管理原则与体制用报销管理标准》《费用报销管理规定》《资产管理标准》《长期资产管理标准》《关联交易管理标准》	未进行财务分析的风险	财务人员未及时编制财务分析报告，或者采用不恰当的信息/不恰当的分析方法，导致财务分析报告不能如实反映企业的经营成果或运营情况	1. 财务部应编写财务分析报告，并经适当审核，才能将其作为决策依据 2. 财务分析报告应该涵盖重要的财务信息，财务信息编制应该符合会计规范	
	未及时进行报表披露的风险	财务人员未按要求对外披露财务状况、财务报告未经适当审批，造成企业信息公布不及时、不准确的风险	若企业需对外披露本企业财务报告，应符合国家及企业制定的对外披露要求，对于敏感数据，应经过充分授权及审批，确保数据的真实性和准确性	

180

（续表）

法规/政策	主要风险		应对措施	合规审计风险评估结果
《会计档案管理标准》《付款管理标准》《信用及应收账款管理办法》《应收、预付账款管理标准》	汇率波动风险	未建立统一的外币计算的会计政策以应对潜在汇率波动，存在汇兑损失风险	没有制定统一会计——会计兑差额的处理，汇率波动可能导致财务报告相关数据计算不准确	1. 建立明确的外汇管理标准，规定结算货币项目及换算货币项目产生的汇兑差额的处理方式 2. 建立企业外汇管理办法，采用各种外汇工具，利用外汇波动谋取收益，同时降低汇率波动带来损失的风险	
《内部交易结算管理办法》《企业成本核算标准》《税务管理标准》《财务管理原则与体制管理标准》《费用报销管理标准》《资产管理规定》《长期资产管理标准》《关联交易管理标准》	未建立关联方清单，无法准确识别关联方风险	未建立并及时更新关联方清单，确保及时识别、维护关联方信息，造成无法识别关联方风险	未登记或未及时更新关联方清单，导致无法识别关联方，无法开展后续的各项关联交易管理工作	1. 维护并更新关联方清单，就内容包括关联方名称和关联关系进行说明 2. 定期根据关联方清单内容更新 ERP 系统内的相关信息，以确保系统信息与关联方清单一致	

（续表）

法规/政策	主要风险	应对措施	合规审计风险评估结果
《会计档案管理标准》《付款管理标准》《信用及应收账款管理办法》《应收、预付账款管理标准》《内部交易结算管理办法》《企业成本核算标准》《税务管理标准》《财务分析管理标准》《财务管理原则与体制管理标准》《费用报销管理规定》《资产管理标准》《长期资产管理标准》《关联交易管理标准》	**关联交易不公允的风险** 未制定关联交易相关制度，无法保证保证定价过程公平、合理，受到外部监管处罚的风险	1. 关联交易合同未明确规定关联交易销售价格与定价策略，导致企业未能有效保证关联交易定价的公平、合理，不符合上市公司交易规则 2. 未能够准确识别关联交易，或者关联交易未经管理层审批	1. 制定关联交易定价规则，应根据市场行情和客户需求，明确非关联交易价格和关联交易价格，确保价格公平、合理 2. 确定关联交易识别流程，在发起合同流程时，经办人员应就该交易对方是否在关联方清单中列示进行确认，并同时将相关信息同步至财务、法务、证券等部门，判断该交易是否为关联交易	
	关联方交易披露方面的风险 未按上市规则及时披露关联交易风险	关联交易未按管理制度及时上报和审批，影响关联交易信息披露的完整性	1. 每月应有专门的部门负责汇总各下属公司间的关联交易记录，对该关联交易的交易类型、内容、本年度累计金额、明细及预测未发生关联交易金额等内容予以记录，形成关联交易月度确认书 2. 关联交易月度确认书经审核通过后，相关人员编制关联交易汇总表并上报至证券部门，按照相关要求及时对外披露	

（续表）

法规/政策	主要风险		应对措施	合规审计风险评估结果
《会计档案管理标准》《付款管理标准》《信用及应收账款管理办法》《应收、预付账款管理标准》《内部交易结算管理办法》《企业成本核算标准》《税务管理标准》《财务分析管理标准》《财务管理原则与体制管理标准》《费用报销管理规定》《资产管理标准》《长期资产管理标准》《关联交易管理标准》	内幕消息披露方面的风险	未按照上市规则及时、准确的识别，以及有效的审批，可能导致披露信息不真实、不准确或引起误解，从而违反上市监管规定的各项重大事项的风险	制定内幕消息披露规范程序。明确证券部门专人负责日常识别需披露的重大事项；内幕消息管委会负责判断保密信息是否为内幕消息，并对所有需披露事项进行讨论，并确定披露方式和具体内容	
	合并报表编制方面的风险	1. 企业的组织架构图不能准确反映企业的实际控制情形，合并报表编制不符合会计法律法规的要求，造成财务数据失真而引发的风险 2. 合并报表的披露不符合监管机构的要求，导致企业的声誉和利益受损	1. 合并范围的复核。财务部应基于组织架构的调整及背后的投资行为所反映出的控制关系，判断和确定合并范围，审查母公司长期股权投资与子公司所有者权益的合并抵消情况，以确保合并范围没有遗漏 2. 合并报表的编制复核。财务部在完成合并报表的初步编制后，应建立复核机制，检查财务报表初稿的整体合理性，如通过报表内在的勾稽关系验证报表的准确性、一致性 3. 合并报表提交审计委员会。财务部应在法定披露日前，将审核后的合并报表提交审计委员会，审计委员会讨论合并财务报表的合理性、完整性及合理性；最终经董事会批准后，在确定的披露日期，将合并报表提交交易所，正式对外披露	

183

（续表）

法规／政策	主要风险		应对措施	合规审计风险评估结果
《会计档案管理标准》《付款管理标准》《信用及应收账款管理办法》《应收、预付账款管理标准》	会计档案管理不善的风险	会计档案的查阅权限与访问权限方面的风险	1. 财务部应应按照会计档案的查阅权限，严格管理会计档案的查阅事宜。对于规定范围之外的人员，如需调阅会计档案，须经审批后，在财务部相关人员的带领下查阅会计档案 2. 会计档案应按照保密规定管理，除法律规定和经审批，严禁复印、拷贝或以其他方式私自保存或传递给相关任何不相关的第三方	
《内部交易结算管理办法》《企业成本核算标准》《财务管理标准》《财务分析管理标准》		会计档案的保管和销毁方面的风险	会计档案的保管和销毁未被管控，导致会计数据的完整性和可用性受到损害	会计档案的保管应应符合会计法规的要求，保管期限分为永久、定期，档案室应按照不同的保管期限，妥善保管会计档案。当保管期满，需要销毁会计档案时，应由档案室和财务部共同提出意见，经审批后，在企业财务人员现场监视下，执行档案销毁	
《税务管理原则与体制管理标准》《费用制管理标准》《资产管理标准》《长期资产管理标准》《关联交易管理标准》	税务方面的风险	未建立税务筹划机制	税务筹划不适当，未对税法规定进行及时恰当的了解及解读将影响税务合规性	财务部应根据国家政策和企业发展需求，参与重大经营决策的税务影响分析，提供税务风险管理建议，合理进行税务筹划	

（续表）

法规/政策	主要风险	应对措施	合规审计风险评估结果
《会计档案管理标准》《付款管理标准》《信用及应收账款管理办法》《应收、预付账款管理标准》《内部交易结算管理办法》《企业成本核算标准》《税务管理标准》《财务分析管理标准》《财务管理原则与体制管理标准》《费用报销管理规定》《资产管理标准》《长期资产管理标准》《关联交易管理标准》	税务方面的风险	税务人员未经过专业培训	税务人员缺乏税务知识，造成企业少缴或多缴税款，存在潜在税务风险	税务人员应定期参与与税务相关的培训和专项讲座，以不断学习、研究税务法规和税务政策，确保企业的纳税活动符合最新税法规定	
		未能根据税法规定计算企业各项税费	财务人员未严格依照税法要求、错误适用或计算各项税项，导致应缴漏缴或错缴税费	财务人员应根据账面金额计算应缴税额，并编制应缴税费计提表；同时，财务部门应建立复核机制，审核应纳税额计算是否准确	
		纳税申报不符合税收相关法律法规的要求	财务人员未严格依照税务机关要求和既定的程序进行各项税费的申报和缴纳	应缴税费计提表审批通过后，财务人员应按照税务局的要求填写纳税申报表，通过税务系统进行纳税申报。申报完成后，财务人员提交完税记录至相关人员（不相容职责分离）进行账务处理，确保账面金额与申报金额一致	

185

（续表）

法规/政策		主要风险	应对措施	合规审计风险评估结果
《会计档案管理标准》《应付账款管理标准》《信用及应收账款管理办法》《应收、预付账款管理标准》《内部交易结算管理办法》《企业成本核算标准》《税务管理标准》《财务分析管理标准》《财务管理原则与体制管理标准》《费用报销管理规定》《资产管理标准》《长期资产管理标准》《关联交易管理标准》	税务方面的风险	未按税法要求进行汇算清缴核算与申报的风险	财务人员未依照税法及纳税程序的要求开展汇算清缴，导致企业所得税计算或清缴核算与申报不准确，导致清缴企业面临税务申报风险 / 财务人员应根据外部审计师出具的审计报告，计算企业全年应纳税所得额和应纳税额，并根据企业季度预缴的所得税数额，编写汇算清缴报告并上报至企业授权审批的体系审批。审批通过后，财务人员应根据管理层的意见与汇算清缴报告于税务系统申报补缴企业所得税款或申报企业所得税退税	
		税务争议处理不当的风险	税务争议处理不当，导致企业利益受损 / 发生税务争议时，财务人员应根据国家法律法规，在规定的时效内，与税务主管部门就税务争议进行协商，确保最大可能地维护企业的合规利益。例如，发生诉讼等，财务部与法务部应寻求积极的解决方法。如最终争议结果涉及税务处罚等，处理方案应经审批后生效执行	

三、财税重点环节合规审计

财税合规审计的目的是规范交易活动的账务处理、税务处理，为基于业务形成的基础财务数据的真实性、准确性、及时性提供保证，确保财税管理可靠、合规。

财税合规审计一般涵盖企业的财务与税务工作，包括财务制度、财务报告编制与分析、关联方管理、对外信息披露、财务档案管理、税务管理、外汇管理等的合规性审计。从业务层面来看，财税合规审计就是通过督促各部门在财税管理的关键控制点严格按照内部控制规定执行，保障企业业务活动对法规的遵循和基础数据的真实性、完整性。财税合规审计方案如表 4-12 所示。

表 4-12　财税合规审计方案

审计重点环节	审计重点 目标 / 程序	工作重点	所需资料
财税制度合规性	检查财税管理制度	1. 取得企业会计政策，检查是否符合国家会计政策要求，是否包含固定资产、成本费用、收入与应收、内部交易、税务管理、会计档案、财务分析管理、信息披露、合并报表等制度对企业财务工作进行全面指导 2. 取得财务部编制的会计凭证等资料，检查是否满足相关要求 3. 了解企业会计制度的审批流程，检查是否经适当审批签字通过后生效	会计制度、会计制度发布审批单等

（续表）

审计重点环节	审计重点 目标／程序	工作重点	所需资料
权责分离	不相容职务情况	1. 访谈并了解财务部不同岗位是否实现有效的权责分离 2. 取得财务部组织架构图，检查是否就敏感岗位（出纳、贷款管理、资金经理）的职责进行了明确规定 3. 查看 ERP 系统中的岗位设置，查看其是否与财经管理部组织架构图设置一致，是否存在重要岗位不相容职务未分离的情形，应包括但不限于下述岗位职责： （1）会计分录的录入与复核、审批 （2）关联交易的申请与复核 （3）会计科目新增／更新的申请与审批、维护 （4）税务筹划方案的制定与审批 （5）税费的计算与审核、入账	财务部组织架构图、财务人员岗位说明书
会计系统	检查会计系统的自动控制设置是否有效	1. 抽取财务凭证进行穿行测试，检查 ERP 系统的自动控制是否生效 2. 检查财务系统的权限清单，与财务部人员岗位职责进行核对，检查是否符合职责分离的要求	会计系统、财务岗位设置表、会计凭证
	检查会计科目的维护是否正确	取得会计科目的授予与修改记录，检查是否就会计科目修改原因进行说明，是否经过适当授权后由信息管理员执行修改	系统权限表系统主数据
	检查会计分录的编制与审核是否正确	1. 检查财务系统中会计凭证的审批流程是否有两级以上复核机制、财务部模块会计、财务经理 2. 检查财务凭证是否由制单人、复核人、记账员签字确认，制单人、复核人是否为独立人员	会计凭证

（续表）

审计重点环节	审计重点 目标 / 程序	工作重点	所需资料
期末关账	检查财务结账流程是否合规	1. 查看财务系统中的记录，检查财务部各业务组是否按时完成报表上报、月末结账工作程序 2. 查看每月财务报表是否经恰当审批 3. 查看财务系统内产成品入库数量，检查其是否与月盘点表中记录的数量一致；查看财务系统内原材料领用出库数据是否与出库单中记录的数据一致	服务报表、入库单、出库单、盘点表
	检查关账后账务错误的处理	1. 取得调账申请单，检查其中是否有调账原因说明、调账分录等信息，以及其是否经财务经理审核 2. 取得调账审批记录，检查关账后调账是否经过审批 3. 检查财务系统用户权限设置，检查财务部相关人员是否有反关账权限 4. 取得调整分录，检查是否于次月及时进行调整 5. 取得账务检查调整表，检查是否说明某笔会计分录账务调整原因，是否经相关财务负责人签字并加盖企业财务专用章	账务检查调整表、财务系统权限表、调账凭证
报表管理	检查财务报表的编制过程	1. 取得财务部编制的月度资产负债表、利润表与现金流量表，检查数据是否与财务系统中数据一致，检查财务报表间数据的钩稽关系是否正确 2. 访谈了解是否存在财务报表错报的情况，以及应对措施是否正确	资产负债表、利润表、现金流量表、经营分析会议纪要、月度财务分析报告

（续表）

审计重点环节	审计重点 目标／程序	工作重点	所需资料
报表管理	检查财务分析报告的编制及审核情况	1. 取得测试期间内的财务分析报告，检查财务分析报告的内容是否涵盖业绩分析、资产分析、资金分析、税务分析、综合分析，检查综合分析中是否包含盈利能力分析、偿债能力分析、营运能力分析、投资决策分析、滚动预算分析等；检查是否就差异做出深入分析并说明产生差异的原因 2. 取得测试期间内的月度财务分析报告，检查财务中心是否就财务分析报告的结果提出相应的整改措施 3. 取得测试期间内企业经营分析会议纪要，检查企业经营分析会议是否就财务分析报告进行探讨；查看管理层是否与会并审核财务分析报告；检查相关人员是否就财务分析报告结果提出整改措施	资产负债表、利润表、现金流量表、经营分析会议纪要、月度财务分析报告
外汇管理	检查汇率波动管理情况	取得外汇交易记录，检查是否按照当天系统汇率入账；检查月末是否编制汇兑损益会计凭证	汇率制度及管控情况说明
	检查外汇管理流程	1. 询问企业员工，了解企业是否存在海外子公司或海外业务 2. 若企业有外汇管理制度，检查是否明确外汇风险管控相关措施 3. 取得海外子公司合同，检查是否订立保值条款；检查企业是否通过衍生金融工具和采用对冲方式来控制外汇风险	汇率制度及管控情况说明

（续表）

审计重点环节	审计重点 目标／程序	工作重点	所需资料
关联方与关联交易管理	检查关联方清单	1. 取得关联方清单，检查是否包含企业名称和关联关系等内容；检查关联方清单是否与 ERP 系统收录信息一致 2. 取得新增关联方名单，检查其是否经过适当审批	关联方清单、关联交易月度确认书、新增关联交易月报表、对外披露的信息清单
	检查关联交易定价	1. 取得关联交易合同，检查是否就关联交易双方的权利与义务、定价等内容进行明确说明，定价是否按照公平、公正的原则进行 2. 检查关联交易合同是否经过审批，是否按照公司章程和上市公司相关要求经过股东大会审批 3. 取得企业下达的定价文件，检查其中是否就非关联方的月度销售价格进行明确	
	检查关联交易合同	1. 取得关联交易合同，检查与某关联方的交易是否在 ERP 系统中勾选为关联交易；检查该笔交易是否按照规定进行审批 2. 抽取未作为关联交易签订的合同，检查涉及的交易主体是否为尚未识别的关联方	
	检查新增关联方	取得关联交易月度确认书与新增关联交易月报表，检查是否说明关联交易的对象、类型、明细、当年累计金额，以及对下一年度的预测等内容	

（续表）

审计重点环节	审计重点 目标／程序	工作重点	所需资料
关联方与关联交易管理	检查关联交易的披露情况	检查关联交易是否按规定上报至集团董事会审议；检查关联交易是否按照审议结果进行披露	关联方清单、关联交易月度确认书、新增关联交易月报表、对外披露的信息清单
	检查内幕消息的披露情况	取得测试期间对外披露的消息，检查信息的审批过程，是否按制度提交审批	
合并报表管理	检查合并范围	检查每年的合并报表范围是否和组织架构图一致	组织架构图
	检查合并报表的编制	1. 检查合并报表是否经过复核和审批 2. 检查合并报表是否正确	合并报表及审批流程
	检查合并报表的披露情况	检查合并报表的披露时间，以及合并报表是否被授权人员审阅并签字	
会计档案管理	检查会计档案的访问权限	检查会计档案的借阅申请单是否说明申请人、申请日期、借阅原因，是否均经授权人员审批	档案管理相关资料
	检查会计档案的保管和销毁	1. 检查会计档案的保管是否符合安全性要求 2. 检查会计档案的销毁记录是否经过授权人员的审批，是否不低于法定保管期限	
纳税申报税款与缴纳	检查税务筹划是否合规	1. 查看年度预算计划书是否包含税务预算，并取得年度税务筹划工作计划 2. 检查是否以税务预算为依据进行规划；检查税务筹划计划是否经过企业授权审批系统适当审批	年度预算计划书

（续表）

审计重点环节	审计重点目标/程序	工作重点	所需资料
纳税申报税款与缴纳	检查税费计算是否正确	1.取得测试期间内已认证的发票，检查其是否在系统中完成认证（已经现场查看），检查对系统未自动认证成功的发票是否进行手工认证 2.取得测试期间应纳税费计提表，检查税务系统增值税金额是否与ERP系统中的明细一致；检查该计提表是否经过适当审批 3.取得增值税核对表，检查是否比对预测数、ERP中的金额、申报金额，是否说明差异原因	应纳税费计提表、增值税核对表
	检查纳税申报是否合规	1.取得测试期间内各项税种纳税申报的报表及附表，检查其是否经独立审核并签字确认 2.检查企业财务部税务会计是否根据当月增值税纳税申报表金额计提应交税费；检查财务部税务会计是否根据完税凭证编制会计凭证 3.取得测试期间内某季度企业所得税纳税申报表及ERP系统季度财务报表，检查纳税申报表中的基数是否与财务系统季度财务报表数据相吻合；检查企业所得税季度申报表应交税项是否完整；检查企业所得税季度申报表是否经适当审核并留下审核依据 4.取得测试期间内增值税纳税申报的报表及附表，检查该表信息是否在规定的日期前完成网上申报	纳税申报表、缴税证明、纳税会计凭证、滞纳金通知单
	检查税款缴纳账务处理是否正确	取得税款缴纳凭证，检查税额是否与扣缴凭证中的数据一致，账务处理是否准确，是否经过复核	缴证

（续表）

审计重点环节	审计重点 目标／程序	工作重点	所需资料
纳税申报税款与缴纳	检查是否存在滞纳金	1. 取得测试期间内增值税的完税凭证，检查增值税是否于适当期间内完成扣缴，若未能完成，企业是否提示税务局扣缴或主动缴纳，避免税务罚款 2. 查看测试期间内银行存款明细账及应交税费明细账，检查是否发生滞纳金或罚款等	
	检查企业所得税汇算清缴核算与申报调整	1. 取得测试期间内企业所得税年度纳税申报表，查看该申报表是否经过审核 2. 取得测试期间内地方税务师事务所代为出具的《企业所得税汇算清缴审核报告》，检查该报告是否经过审核 3. 查看企业所得税年度纳税申报表中是否包含所有附表及调整项	企业所得税年度纳税申报表、《企业所得税汇算清缴审核报告》
	检查税务争议处理措施	1. 询问相关人员税务争议是否经过管理层的介入，并采取了合理的调解策略 2. 检查税务处理是否经过授权人员的审批 3. 取得纳税风险提示提醒函与税务事项通知书，检查企业是否按照要求对税务风险进行复核，是否经税务机关审核通过	纳税风险提示提醒函、税务事项通知书

四、总结

财税合规是最基本的合规，企业需要引起重视。各种单据的真假直接关系到财税合规性，正确识别真假单据是财税合规审计人员必备的重要技能。

第**五**章

重点人员合规审计

合规审计最终要落实到责任人，所以人员的合规至关重要。重点人员合规审计包括人力资源合规审计和人员离任审计两部分内容。

第一节
人力资源合规审计

企业在经营管理中常常面临与人力资源相关的风险，如招聘、员工培训、员工福利发放、员工解聘、员工社保缴纳等方面的风险。建立一个完备的人力资源管理制度，会在很大程度上降低企业用工风险，对企业人力资源管理起到事半功倍的效果。

一、人力资源合规义务清单

企业是否依法实施人力资源管理、依法维护劳动者的权益，是国家法律关注的重点。我国陆续出台了多部关注用工风险的法律法规，基本涵盖了企业用工的全部环节。《中华人民共和国劳动合同法》（以下简称《劳动合同法》）规定，用人单位在制定、修改或者决定有关劳动报酬、工作时间、休息休假、劳动安全卫生、保险福利、职工培训、劳动纪律以及劳动定额管理等直接涉及劳动者切身利益的规章制度或者重大事项时，应当经职工代表大会或者全体职工讨论，提出方案和意见，与工会或者职工代表平等协商确定。在规章制度和重大事项决定实施过程中，工会或者职工认为不适当的，有权向用人单位提出，通过协商予以修改完善。企业只有遵守有关法律，按程序办事，才能受到《中华人民共和国劳动法》（以下简称《劳动法》）的保护。

人力资源合规审计的第一步是梳理人力资源合规义务清单（见表5-1），并通过该清单检查企业人力资源管理是否符合国家相关法律法规。

表 5-1　人力资源合规义务清单

合规义务台账		合规审计符合项
法律法规名称	说明	
《劳动法》	是国家为了保护劳动者的合法权益，调整劳动关系，建立和维护适应社会主义市场经济的劳动制度，促进经济发展和社会进步，根据宪法而制定颁布的法律	
《劳动合同法》	详细规定了劳动合同的订立、履行及解除的法律责任，在更大程度上保护劳动者的正当权益	
《中华人民共和国劳动争议调解仲裁法》	规定劳动仲裁程序，突出了调解的作用，引导当事人双方更多地通过协商和调解解决劳动争议	
《中华人民共和国社会保险法》	规定了国家建立基本养老保险、基本医疗保险、工伤保险、失业保险、生育保险等社会保险制度，保障公民在年老、疾病、工伤、失业、生育等情况下依法从国家和社会获得物质帮助的权利	
《中华人民共和国就业促进法》	为促进就业，促进经济发展与扩大就业相协调，促进社会和谐稳定而制定的法律	
《中华人民共和国职业病防治法》	该法是预防、控制和消除职业病危害，防治职业病的法律	

（续表）

合规义务台账		合规审计符合项
法律法规名称	说明	
《中华人民共和国个人所得税法》	该法构成了现行我国个人所得税法的主体法律基础	
《中华人民共和国工会法》	该法确定了工会的权利与义务	
《中华人民共和国安全生产法》	该法是一部全面规范安全生产的专门法律	
《中华人民共和国劳动合同法实施条例》	该条例是《劳动合同法》的重要补充，明确了《劳动合同法》在实际操作中的执行方法	
《工伤保险条例》	该条例保障因工作遭受事故伤害或患职业病的职工获得医疗救治和经济补偿	
《失业保险金申领发放办法》	该办法主要规定了失业保险金申领的具体办法和发放条件及标准	
《失业保险条例》	该条例旨在保障失业人员失业期间的基本生活，促进其再就业	
《中华人民共和国住房公积金管理条例》	该条例适用于中华人民共和国境内住房公积金的缴存、提取、使用、管理和监督	
《女职工劳动保护特别规定》	该特别规定为保护女职工健康而制定	
《劳动保障监察条例》	该条例是为贯彻实施劳动和社会保障法律、法规和规章，规范劳动保障监察工作，维护劳动者的合法权益，根据劳动法和有关法律制定的	
《职工带薪年休假条例》	该条例是为了维护职工休息休假权利，调动职工的工作积极性，根据劳动法和公务员法制定的	
《国务院关于修改〈全国年节及纪念日放假办法〉的决定》	该决定统一规定了全国年节及纪念日的假期	

（续表）

合规义务台账		合规审计符合项
法律法规名称	说明	
《禁止使用童工规定》	该规定旨在保护未成年人，禁止用人单位招用不满 16 周岁的未成年人	
《企业经济性裁减人员规定》	该规定旨在指导用人单位依法正确行使裁减人员的权利	
《关于贯彻执行〈中华人民共和国劳动法〉若干问题的意见》	该意见针对劳动法在贯彻执行中遇到的若干问题提出具体办法	
《违反〈劳动法〉有关劳动合同规定的赔偿办法》	该办法旨在明确违反劳动法有关劳动合同规定的赔偿责任，维护劳动合同双方当事人的合法权益	
《集体合同规定》	该规定包含有关集体合同的规定：集体合同是企业职工一方与用人单位通过平等协商，就劳动报酬、工作时间、休息休假、劳动安全卫生、保险福利等事项订立的合同；集体合同在订立后，需要报送劳动行政部门，劳动行政部门未提出异议的，集体合同才生效	
《就业服务与就业管理规定》	该规定旨在加强就业服务和就业管理	
《关于职工全年月平均工作时间和工资折算问题的通知》	该通知规定了工作时间的计算方法	
《关于企业实行不定时工作制和综合计算工时工作制的审批办法》	该办法规定了不定时工作制或综合计算工时工作制等其他工作和休息办法的范围和条件	
《企业职工带薪年休假实施办法》	该办法规定了职工带薪年休假的具体办法	
《劳动部关于印发〈工资支付暂行规定〉的通知》	该通知规范了用人单位的工资支付行为	
《最低工资规定》	在劳动者提供正常劳动的情况下，该规定强制规定了用人单位必须支付给劳动者的最低工资报酬	

（续表）

合规义务台账		合规审计符合项
法律法规名称	说明	
《企业职工患病或非因工负伤医疗期规定》	该规定旨在保障企业职工在患病或非因工负伤期间的合法权益	
《因工死亡职工供养亲属范围规定》	该规定明确了因工死亡职工供养亲属的范围	
《非法用工单位伤亡人员一次性赔偿办法》	该办法规定了一次性赔偿金标准和支付办法	
《未成年工特殊保护规定》	该规定明确了用工单位对年满 16 周岁，未满 18 周岁的劳动者应采取的特殊劳动保护措施	
《职业资格证书制度暂行办法》	该规定明确了职业资格包括从业资格和执业资格的各种认证方法	
《劳动部关于颁发〈女职工禁忌劳动范围的规定〉的通知》	该规定为保护女职工身心健康及其子女的正常发育和成长，明确了女职工的禁忌劳动范围	
《最高人民法院关于审理劳动争议案件适用法律若干问题的解释》	该解释结合审判实践，解释了劳动争议案件的具体情况	

二、人力资源风险清单

　　企业的人力资源规章制度是人力资源管理的依据，也是企业内部规范员工行为的准则。它既是员工行为规范，也是员工行为标准，更是处理劳动争议的依据，同时还承载着企业文化。

　　《最高人民法院关于审理劳动争议案件适用法律若干问题的解释》第十九条对企业规章制度的法律效力进行了界定：用人单位根据《劳动法》第四条之规定，通过民主程序制定的规章制度，不违反国家法律、行政法规及政策规定，并已向劳动者公示的，可以作为人民法院审理劳动争议案件的依据。所以，企业人力资源制度内容必须符合《劳动法》及有关法律法规的规定，制度的制定及发布程序必须依据法律规定的程序执行。表 5-2 为人力资源风险清单。

表 5-2　人力资源风险清单

法规／政策	主要风险			应对措施	合规审计风险评估结果
《敏感性岗位轮岗管理标准》《薪酬管理标准》《员工奖惩管理标准》《绩效考核管理标准》《人事档案管理标准》《劳务派遣用工使用管理标准》《员工异动管理办法》《内部岗位竞聘管理办法》《培训管理标准》《招聘管理标准》《员工考勤管理制度》	人力资源管理制度不健全	人力资源部未针对人员管理制定明确的规章制度	人力资源管理缺乏明确的规章制度，缺乏规范指引约束会造成实际操作混乱并增加舞弊风险	人力资源部应根据企业发展情况、国家法律法规等的更新情况，不定期对相关制度进行更新	
	人力资源管理战略及计划不完善	人力资源部未制定人力战略规划，没有明确的招聘计划	缺乏明确的战略规划和招聘计划，可能导致招聘到的人员与实际需求不匹配，造成人力、物力浪费并阻碍企业发展	1. 人力资源部每年应根据企业发展战略，结合人力资源现状和未来需求预测制定人力资源发展目标、人力资源总体规划 2. 人力资源部每年应结合部门人员编制、生产计划、离职率和员工效率，对下一年度人员需求进行预测，制订招聘计划 3. 人力资源部每年应结合部门人员编制、离职率和员工效率，对劳务派遣／外包需求进行预测，制订劳务派遣／外包招聘计划	

（续表）

法规/政策	主要风险		应对措施	合规审计风险评估结果
《岗位框架体系》	岗位职责说明不健全	未明确定义部门岗位职责，无法提升员工对岗位职责的理解，无法提高员工工作效率	岗位职责不明确可能导致人员配置不合理	企业人力资源部应建立岗位框架体系，明确各岗位名称、岗位职责、任职要求，并根据岗位的贡献程度、复杂程度、沟通方式、知识运用和创新要求等因素，定义岗位等级，与岗位薪酬相挂钩，以确保岗位结构的合理性	
《关联方管理准则》《岗位回避机制》	岗位回避执行不到位	企业关键岗位存在关联方人员，无法保证工作开展的独立性	关键岗位任用员工亲属，可能导致舞弊发生	人力资源部应根据《关联方管理准则》，明确岗位回避机制，内容应包括但不限于： 1. 企业领导的关联方不能在各下属企业经营计划部、财务部、人力资源部等的关键岗位任职 2. 关联方双方不能任职于同一领导分管下的职能部门 3. 关联方双方不能于同一部门任直接上下级 此外，下属企业人力资源部应对新入职员工进行背景调查，并在人力资源管理系统中定期汇总、更新在职员工亲属任职信息	

（续表）

法规／政策	主要风险			应对措施	合规审计风险评估结果
《招聘管理标准》	员工招聘与录用流程不健全	员工招聘没有明确的流程	员工招聘缺乏明确的流程，可能导致实际操作混乱并增加舞弊风险	1. 人力资源部应对应聘者简历进行初步筛选和审核，对审核通过者，由人力资源部和用人部门组成小组进行面试 2. 对涉密岗位人员的招聘，应由人力资源部对预录取者进行背景调查，同时应与其签订保密协议与竞业限制协议 3. 针对劳务派遣／外包，应由劳务派遣／外包中介企业招募，完成招募的派遣／外包员工与中介企业签订合同，并由企业负责将其年龄、健康状况等信息在线下进行台账维护	
《新员工入职及转正管理标准》	员工转正缺乏流程管控	员工正式录用未经过恰当的授权审批	员工录用缺乏恰当的授权审批，可能导致未通过试用期员工在管理层不知情的情况下转正，进而导致员工整体技能素养水平较低，并增加舞弊风险	1. 对于试用期通过即将转正的员工，应由员工直接上级、部门负责人在员工入职转正考核表上进行评分 2. 各部门应将试用期员工的考试成绩与经评分的员工入职转正考核表上传至人力资源管理系统，并发起员工转正流程，经企业审批通过后，员工正式转正	

（续表）

法规/政策	主要风险			应对措施	合规审计风险评估结果
《入职培训管理标准》	员工入职培训不足	新员工未接受有效的入职培训	新员工缺乏有效的入职培训，可能导致员工无法迅速提升工作技能及融入工作环境，不利于集体归属感和向心力的形成，也不利于员工整体技能素养的提升	1. 人力资源部应制订包含入职培训在内的年度员工培训计划，并按照计划内容对员工进行培训。所有新入职员工均需参加入职培训。入职培训的内容应包括但不限于：薪酬和绩效政策、企业文化、员工道德、反舞弊、员工福利、培训机会等 2. 入职培训完成后，培训组织人员应记录当天培训签到情况，并要求新入职员工在培训效果评估表上对培训讲师进行评分	
《人事档案管理标准》	人事信息管理不完善	未能完整有效地登记并维护员工信息，无法确保员工信息真实准确且得到有效的维护及更新	员工信息缺乏有效的维护，可能导致信息被篡改或泄露，导致员工利益和企业声誉受损	1. 企业应与所有正式员工签订劳动合同，并通过人力资源管理系统储存包括姓名、工号、薪酬等在内的员工的人事数据，数据应由人力资源部专人负责不定期维护 2. 对因实际业务需求需对员工信息进行修改的，员工需提供相应的修改的证明材料，经核实和审批后方可修改	

（续表）

法规/政策	主要风险			应对措施	合规审计风险评估结果
《人事档案管理标准》	人事档案管理不到位	企业未妥善保管人事档案，未做到人事档案由专人进行保管，且相应的人事档案调动、领用未经恰当的记录	人事档案缺乏有效的维护，可能导致包含员工信息的文件遗失或泄露，造成员工利益和声誉受损	1.员工人事档案应由人力资源部统一管理、维护 2.人力资源部应汇总员工相关资料、表单，按照人事档案目录的顺序，依次归档，并填写人事档案（零散资料）移交清单后进行归档 3.若需调阅员工人事档案，应由员工提出申请，经审批通过后，由员工本人领取需调阅材料的复印件	
《培训管理标准》	员工发展与培训不足	员工培训缺少有效的计划和执行	员工培训缺乏有效的计划和执行，可能导致员工培训流于形式，不利于集体归属感和向心力的形成，也不利于员工整体技能素养的提升	每年年末，人力资源部应根据员工需求，建立培训长效机制，持续地开发或引进合适的培训内容	

（续表）

法规／政策	主要风险		应对措施	合规审计风险评估结果
《职位升降管理标准》	员工晋升不合规	员工晋升不符合相关制度的要求，没有经过恰当的审批，无法起到选拔人才的作用	员工晋升主要有两种途径：内部竞聘和年度晋升 1. 内部竞聘，应由人力资源部对应聘员工条件进行筛选，通过筛选及笔试、面试的员工，应由人力资源部在人力资源管理系统上发起人员晋升流程，经审批通过后执行 2. 年度晋升，应由人力资源部对符合晋升条件的员工进行筛选，并对各部门拟晋升人员所提交的年度职级晋升评定申请表进行审批，并组织相应的晋升笔试、面试；对于审批通过且笔试、面试合格的员工，应由人力资源部在人力资源管理系统上发起人员晋升审批流程，经审批通过后执行	
		员工晋升缺乏有效的审批，可能导致员工在管理层不知情的情况下晋升，造成企业人力成本超支、人员编制混乱，并增加舞弊风险		
《职业生涯规划管理标准》	员工调动审批不合规	员工调动未经过恰当的授权审批	1. 调入部门发起调动审批流程，经人力资源部审批通过后完成员工部门调动与薪酬调整 2. 对于涉密职位的员工调动，对工作内容中的涉密部分应通过专门的交接手续以防止机密外泄	
		员工调动缺乏恰当的授权审批，可能导致员工在管理层不知情的情况下被调动，造成企业人力资源管理混乱，并增加舞弊风险		

（续表）

法规 / 政策	主要风险			应对措施	合规审计风险评估结果
《敏感性岗位轮岗管理标准》	敏感性岗位未轮岗	未建立健全岗位轮岗制度，增加员工舞弊风险，无法培养复合型人才	缺乏敏感性岗位轮岗制度，可能导致舞弊发生	1. 人力资源部应明确敏感性岗位，并针对敏感性岗位建立轮岗机制，形成相关岗位员工的有序持续流动，全面提升员工素质 2. 针对敏感性岗位，应按轮岗机制要求，进行企业内部或范围内同职能类型的岗位轮换	
《员工离职程序管理标准》	员工离职审批不合规	员工离职未经过恰当的审批	员工离职缺乏恰当的审批，可能导致员工在管理层不知情的情况下离职，造成企业人力资源管理混乱，并增加舞弊风险	1. 员工离职应经过恰当的审批，人力资源部应确认是否需要与离职员工签订竞业限制协议 2. 离职申请审批通过后，离职员工应按照移交流程与相关部门负责人办理相关事项，相关部门负责人进行批准确认，确认后方可由人力资源部开具解除劳动合同的证明并关停员工系统账号	
《员工解约补偿管理标准》	员工解约补偿发生纠纷	对于不续约或解约的员工，未按法律法规的要求给予合法的经济补偿	对解约员工的经济补偿缺乏协商与审批，可能造成因补偿金额问题引发劳动仲裁机构介入，影响企业声誉	针对不续约或解约的员工，应由人力资源部与员工进行经济补偿协商，双方达成一致后签署解除劳动合同协议书，规定补偿具体金额和支付期限，同时由人力资源部填写人员资遣审批单，经审批通过后执行	

（续表）

法规/政策	主要风险			应对措施	合规审计风险评估结果
《员工考勤及休假管理标准》	考勤管理方面的风险	员工考勤未经过有效的记录和复核	未能及时、准确、完整及真实地汇总所有正式员工的应发工资，可能导致应发工资数额不正确	1.员工应每日进行考勤，若考勤认证不成功，需在人力资源管理系统填写未签卡说明 2.加班员工需事前提交加班核准单，经审批通过后递交人力资源部录入人力资源管理系统，作为调休或发放加班工资的依据 3.人力资源部应根据考勤记录表计算员工工资 4.若历史考勤错误影响员工薪酬发放，应由考勤专员填写考勤变更申请表，经员工本人与考勤专员确认后，交相关人员审批同意后在当月予以补发	
	休假管理不合规	员工休假申请未经过有效的记录和审批	员工休假申请未经过合理审批，可能引起员工工时计算不准确，导致工资计算不正确	除突发事件（病假、事假、丧假）外，企业员工需在事前填写请假申请单，说明请假原因，经审批通过后，将请假单交人力资源部。员工须在假期结束后于人力资源部处进行销假处理	

（续表）

法规／政策	主要风险			应对措施	合规审计风险评估结果
《人事档案管理标准》	员工薪酬档案管理不完善	员工薪酬档案未按相关制度要求进行管理	员工薪酬档案未得到有效保护，造成薪酬泄密风险	建立员工薪酬档案管理流程，应由人力资源部在人力资源管理系统中编制、维护，未经授权，不得随意借阅、修改薪酬档案。若需调阅员工薪酬档案，需由需求部门相关人员说明借阅事由，经审批通过后方可借阅	
《薪酬管理标准》	员工薪酬管理方面的风险	1.未及时、准确、完善及真实地汇总所有员工的应发工资，导致应发工资的金额不正确 2.工资发放审批与职责未分离，存在舞弊风险	工资、资金及社保的支付记录不完整、不准确、不及时或记录在错误的会计期间	1.规范员工薪酬计提与入账流程，建立多级复核机制。人力资源部应将每月员工考勤结果和考核结果发给各部门确认 2.人力资源部根据复核后的考勤结果和考核结果计算薪酬，编制薪酬汇总表和薪酬明细表 3.薪酬汇总表和薪酬明细表由人力资源部薪酬经理复核，提报人力资源部经理审核 4.薪酬汇总表和薪酬明细表审批通过后，人力资源部将薪酬汇总表递交财务部，财务部审核通过后据此编制付款会计凭证；同时，财务部根据工资审批单开具支票，提交银行 5.人力资源部将薪酬明细表送至银行办理薪酬发放业务	

（续表）

法规/政策	主要风险			应对措施	合规审计风险评估结果
《薪酬管理标准》	奖金及其他福利不符合法律法规的要求	五险一金的发放不符合国家或当地政府的要求	五险一金未进行准确的计算和审核，缴纳及变更未经管理层审批	1.财务部按照薪酬审批单与薪酬分账单，以及国家规定和当地社保缴纳标准对五险一金缴纳额进行统一计算后，经复核和审批后，通过国家网站进行社保申报、缴纳工作 2.财务部将社保缴费记录发送至人力资源部备案。人力资源部对社保缴纳结果复核无误后，录入月薪酬汇总表并进行审批	
《绩效考核管理标准》	部门绩效奖金不符合考核结果	未建立完善的部门奖金考核编制与审批体系，奖金发放显失公平	部门奖金计算标准未经适当公示与审批，导致奖金分配不公平，影响员工工作积极性	1.企业应建立员工绩效奖金管理标准，人力资源部应根据每年与各部门签订的经营目标责任书，明确各部门的考核指标，并据此对各部门的绩效进行考核。经营目标责任书签订完成后，各部门需根据经营目标责任书约定内容，参照绩效考核制度要求，明确部门内部各项绩效考核指标评分的权重，并在部门范围内进行公示与宣贯。上述权重、责任书经审批通过后生效 2.人力资源部应每月结合各部门考核结果和经营计划部考核分数，对各部门奖金进行分配	

（续表）

法规/政策	主要风险		应对措施	合规审计风险评估结果
《绩效考核管理标准》	员工绩效奖金不符合考核结果	未建立完善的员工绩效奖金考核编制与审批体系，奖金发放显失公平	员工绩效考核结果未经过有效审批或未将绩效考核指标作为奖金计算的依据，导致绩效考核流于形式或未能够起到考核、监督及督促的作用	1. 各部门应审核部门员工关键绩效指标、重点工作计划，并结合部门经营目标进行评分，评定员工当期绩效考核结果；随后就绩效改进措施与员工进行面谈 2. 人力资源部汇总各部门员工绩效考核分数后，将其作为计算当期绩效奖金的基准，计算并编制绩效奖金汇总表，经审批通过后下发	
	员工奖惩管理不规范	及时与被辞退员工解除劳动合同，及时清理被辞退员工信息	未及时与被辞退员工解除劳动合同，可能存在相应的法律风险	1. 人力资源部制定的《员工奖惩管理标准》要符合国家相关法律法规的要求，并要通过员工代表大会审议通过 2. 若企业需对员工采取辞退惩罚措施，需要由业务部门经理提交员工辞退申请与违规违纪事实证据，由人力资源部、法务部、监察机构、内控部协同调查员工违规违纪行为并出具调查结案报告	

（续表）

法规/政策	主要风险			应对措施	合规审计风险评估结果
《绩效考核管理标准》	员工奖惩管理不规范	及时与被辞退员工解除劳动合同，及时清理被辞退员工信息	未及时与被辞退员工解除劳动合同，可能存在相应的法律风险	3. 调查结案报告经工会审批通过后，员工所属业务部门领导应与被辞退员工面谈，随后人力资源部应发布解除劳动合同决定书，并要求被辞退员工签字确认	

三、人力资源重点环节合规审计

企业的核心要素是人，人力资源的开发和利用直接影响着企业的成败。人力资源合规审计要从人力资源的规划配置、员工招聘、员工培训、绩效考核、员工职业发展、员工离职等方面开展，同时对部分员工进行满意度调查，审计过程中需要查阅很多资料。人力资源合规审计方案如表 5-3 所示。

表 5-3 人力资源合规审计方案

审计重点环节		审计重点目标/程序	工作重点	所需资料
薪酬福利	薪酬发放	核对员工薪酬标准和薪酬发放明细，审核工资单与工资汇总表	1. 核对薪酬发放明细和在职人员表 2. 检查员工工资是否达到该地区最低工资标准 3. 检查绩效奖金计提是否正确 4. 检查社保是否及时缴纳	薪酬发放明细、员工薪酬标准、组织架构图、在职员工明细、工资单、工资汇总表
	考勤及加班费	核对薪酬发放明细和加班标准	1. 检查加班时间是否符合要求 2. 检查是否存在代打卡或其他违规情况 3. 检查因特殊因素不能打卡的，手工登记的表格是否合理	薪酬发放明细、考勤表、加班表

（续表）

审计重点环节		审计重点目标/程序	工作重点	所需资料
招聘管理	人事资料安全性	检查档案	1. 检查档案是否安全保管，其他人是否可以随意翻阅 2. 检查档案室是否有接触控制	员工档案借阅记录、员工档案保管环境（消防设施、温湿度计等）点检记录等
	员工招聘	检查入职资料	1. 检查背景调查是否真实完整 2. 检查关键岗位是否签署保密协议和竞业限制协议 3. 检查对员工亲属招聘是否有回避制度 4. 检查是否对试用期满的新入职员工的工作表现进行转正评审	员工个人简历、面试评审表、上家公司离职证明、学历证书复印件、背调报告等
	定岗轮岗	检查关键岗位轮岗情况	检查关键岗位（产品技术、市场、管理及关键技术知识产权等岗位）员工是否定期轮岗	轮岗通知、组织架构图
	员工离职	员工离职符合制度流程，未给企业造成损失	1. 核实离职资料中员工自述离职原因 2. 检查离职员工社保或工资是否仍在发放、缴纳 3. 检查离职人员相关权限是否关闭 4. 检查签署竞业限制协议人员是否在规定期限内入职竞争性单位 5. 检查关键岗位或领导层是否有离任审计	组织架构图、离职员工名单、离职工作交接单、资产（办公用品）移交单、竞业限制协议、离职证明、（特殊岗位）离职体检单等
培训与开发	人事培训	检查培训记录等资料	1. 检查送外培训费用是否合理 2. 检查关键技术岗位员工是否经过上岗培训	人事培训记录、培训签到表、培训评价表
绩效管理	KPI考核	检查KPI考核表	1. 检查KPI考核是否真实合理 2. 检查KPI数值设置是否合理 3. 检查KPI考核结果是否与员工薪酬挂钩	各部门KPI表、KPI考核结果统计表

四、总结

依法办事、守法经营是现代企业必须遵循的基本原则，在人力资源管理方面，企业要认真学习人力资源管理方面的政策法规，认真执行国家相关法律法规，营造和谐的劳资关系。

第二节
人员离任审计

人员离任审计是企业内部经济责任审计的一部分，对离任人员所负责项目及经济责任进行审计监督，可促进其在任职期间增强自我约束意识；同时通过对工作移交情况进行监督和检查，可以保持相关人员离任后原岗位工作的延续性。

一、人员离任合规义务清单

人员离任审计是对审计对象在任职期间履行经济责任的情况进行审查和客观评价，目的是对审计对象在任职期间企业的经营状况、账务处理、制度流程遵循及交接程序进行查核，以协助接任人员了解接任业务及主要相关风险，并确保交接工作顺利进行及厘清今后的管理责任。人员离任审计是现代企业制度经营权与所有权相分离，因受托经济责任而产生的一种经济责任审计、事中审计，同时也是企业合规控制的重要保障。

人员离任审计，尤其是国有企业的人员离任审计，国家相关法律法规对其有强制要求。人员离任合规义务清单如表 5-4 所示。

表 5-4　人员离任合规义务清单

合规义务台账		合规审计符合项
法律法规名称	条款 / 说明	
《中华人民共和国审计法》	第五十八条："领导干部经济责任审计和自然资源资产离任审计，依照本法和国家有关规定执行。"	
《中华人民共和国审计法实施条例》	说明：政府机关及国有企业离任程序可参照执行	
《中华人民共和国企业国有资产法》	第二十八条："国有独资企业、国有独资公司和国有资本控股公司的主要负责人，应当接受依法进行的任期经济责任审计。"	
《党政主要领导干部和国有企事业单位主要领导人员经济责任审计规定》	说明：实施审计前，审计委员会办公室、审计机关应当按照规定，向被审计领导干部及其所在单位或原任职单位（以下统称所在单位）送达审计通知书，抄送同级纪检监察机关、组织部门等有关单位	
《党政主要领导干部和国有企业领导人员经济责任审计规定实施细则》		
《对外经济贸易企业经理离任经济责任审计工作规定实施细则》	说明：对外经济贸易企业和文化企事业领导人员的离任审计	
《文化企事业法定代表人离任审计规定（试行）》	说明：文化企事业法定代表人离任审计	

二、人员离任审计范围及程序

人员离任审计往往是综合性的审计，所涉及的范围较广，一般可以从经营业绩、客户关系、员工关系、社会关系、个人自律等五个维度入手，具体对经营成果真实性、财务核算合规性、资产质量变动状况、重大经营决策经济责任、法律法规制度遵循情况、经营绩效变动情况和或有风险事项等七个方面进行深入分析并编制审计报告，对离任人员在任职期间的工作业绩进行评定，对遗留风险进行把控，为继任者了解情况、改进工作、提高企业经济效益、做出经营决策提供真实客观的依据。

（一）人员离任审计范围

人员离任审计范围主要如下。

（1）任期内企业财务状况。

（2）任期内企业财务收支是否合规、合法、真实。

（3）任期内企业财、物等方面的内部控制是否存在重大缺陷。

（4）任期内企业目标完成情况。

（5）任期内企业债权债务的真实性及重大合同的执行情况。

（6）任期内企业重大经营决策和法律诉讼（包括重大担保）等情况。

（7）任期内企业各项管理制度的健全和执行情况，有无损失、浪费和资产流失情况。

（8）对遗留问题的财务清理情况。

（二）人员离任审计程序

企业应坚持先审计后离任的原则，人员离任审计报告是全面总结人员离任审计过程和结果的文件，它起着对审计对象任职期内经济责任履行情况进行公证的作用。人员离任审计不应是事后审计，应该是事中审计，从而使得审计部门和审计对象有充裕的时间来澄清问题，保证审计质量，降低审计风险。

人员离任审计作为企业内控制度的重要组成部分，内容往往是综合性的，所涉及的范围较广，包括财务责任审计、管理责任审计、法纪责任审计和社会责任审计。因此人员离任审计不应该仅是单个的项目审计，企业要建立及完善相应的离任内控制度。

以下为通用人员离任审计程序。

（1）企业人力资源部按照《离任审计制度》，对关键岗位人员离任做出审计决定，并在确定离任日期前1个月通知审计部门。

（2）审计部门根据通知，向审计对象（离任人员）发出《审计通知书》。《审计通知书》涵盖：审计对象及审计项目名称、审计目的及审计范围、审计时间、审计对象应提供的具体资料和其他必要的协助。

（3）现场审计阶段的重点详见人员离任审计方案（见表5-5）。

（4）上述审计程序结束后，审计部门应编制审计情况汇总表，并就本次审计的有关情况，与离任人员和接任人员进行交流和沟通。三方意见一致时，离任人员和接任人员应在汇总表上签字确认。若三方无法达成一致意见，审计部门应将离任审计报告、离任人员和接任人员的书面意见一并上报审计部门的领导审定。

（5）起草离任审计报告后，审计部门应按照《离任审计制度》提交审计报告并应同时抄送各有关人员。离任审计报告的内容包括对离任人员述职报告中所负经济责任落实情况真实性的审计意见，任职期内应由离任人员承担责任的主要经济问题，对离任人员工作移交情况的审计意见，其他审计意见和建议。同时，审计部门应出具离任审计意见书，离任审计意见书要送交审计对象及其上级领导、企业人力资源部。

（6）申诉。离任人员或接任人员如果对离任审计意见书有异议，可在接到离任审计意见书之日起10日内向上一级审计机构（审计委员会）或企业人力资源委员会申请复审。受理复审的单位，应当在接到申请后30日内将复审意见书送交被审计单位、被审计人员和有关部门。

三、人员离任审计方案

人员离任审计主要关注离任者对经办事项是否越权审批、行政权力是否运用得当，是否承担了相应的管理责任，任期经济责任的履行情况，是否存在腐败情况，其他需要审计的事项。人员离任审计方案如表5-5所示。

表5-5　人员离任审计方案

审计重点环节	审计重点目标/程序	工作重点	所需资料
离任人员交接的移交清单	检查交接清单是否交接完整，是否有尚未交接的重大遗漏事项	复核移交清单上的内容及文件是否涵盖： 1. 任期内企业的财务状况报告； 2. 任期内净资产增减情况的说明； 3. 任期内各项指标的达成情况及分析报告； 4. 任期内重大的经营决策台账； 5. 任期内重大的法律诉讼及担保、税务等事项的台账或说明； 6. 任期内各项管理制度的建设健全及执行情况的说明； 7. 重大遗留问题、或有风险的说明； 8. 遗留的法律纠纷及诉讼台账； 9. 其他需要交接的事项	交接清单，述职报告（包括对任职期内工作的回顾和总结及对本岗位下步工作的计划），工作中的遗留问题及处理建议，个人所保管的业务档案、工作记录等，财务报告，未决法律纠纷台账，其他需移交的内容
离任人员在任职期间签订的重大合同	检查已签订的重大合同是否会对今后的企业经营活动产生重大影响	1. 任职期间涉及的各项经济合同的执行情况、债权债务的清理和催收情况 2. 未执行完毕合同是否存在风险和纠纷	合同台账、法律诉讼台账等
离任人员在任职期间制定的运营决策	检查已制定的运营决策是否会对今后的企业经营活动产生重大影响	1. 任职期间涉及财务收支的经济活动的真实性、合法性、合规性，有无严重损失浪费或其他损害企业利益的行为 2. 对外合作中的投资管理情况，如经济方面和文档等方面的管理。这些合作包括顾问合作和技术合作等	投资台账、融资台账、财务报表等

（续表）

审计重点环节	审计重点目标/程序	工作重点	所需资料
离任人员在任职期间的重大未决法务案件及其他或有负债事项或高风险遗留事项	检查重大未决法务案件及其他或有负债事项或高风险遗留事项会对今后的经营活动产生的重大影响	1. 是否存在重大未决法务案件及其他或有负债事项或高风险遗留事项 2. 商务活动中的债权债务关系，包括企业与对方企业之间及企业代表与对方代表或企业之间的债权债务关系	法律诉讼台账等
离任人员在任职期间的个人暂借款及其他与企业的往来情形	检查离任人员个人暂借款及其他与企业的往来在离任前是否结清	个人暂借款及其他与企业的往来情形是否已全数结清，避免因离任造成个人欠款无法追回的情况	财务报表、个人借据等
离任人员在任职期间的费用情况	检查性质特殊且金额重大的费用是否合理	复核期间费用，并抽查性质特殊且金额重大的情况	费用明细账
离任人员在任职期间的主要资产负债项目	检查其在任职期间主要资产及负债项目，反映的经营状况及经营成果如何	复核主要资产负债项目，判断是否有重大资产无法回收或产生任何潜在损失的情形，如应收账款无法回收、存货呆滞等	资产负债表

四、总结

不论人员离任审计还是人员任中审计，审计只是一种监督手段，只有将审计建议落地，将审计制度化、内控制度流程化，才能真正实现"审之有效、审之必究，究之必改"的审计目标。

第六章

合规审计沟通

合规审计中需要运用多种审计方法，其中审计沟通是较基础也是较有效的方法之一，同时审计沟通贯穿整个审计过程。审计准备阶段，审计人员需要通过审计沟通了解被审计单位的情况，设计审计方案。审计实施阶段，审计人员需要通过进场会进行审计沟通，让被审计单位了解审计目的，配合审计工作。审计报告阶段，审计人员需要通过审计沟通向报告的使用者汇报情况，推动审计发现的整改，完成审计闭环工作。

第一节
审计沟通概述

一、审计沟通在不同阶段的称谓

（1）进场会、退场会中的审计沟通，通常叫作"沟通会"。

进场会是整个审计现场工作的首要环节，通过审计沟通，审计人员可以让被审计单位了解审计的目的与基本要求，有利于被审计单位做好配合。审计人员可通过座谈、询问、查阅资料等方式，初步了解被审计单位的机构设置、部门职能划分、经济管理活动、存在的风险等基本情况，为撰写审计方案打下基础。

（2）现场工作中与业务人员的审计沟通，通常叫作"询问"。

现场工作阶段的沟通成功与否，一定程度上直接影响着审计工作的质量与效率。现场工作阶段，审计人员应注意对审计出现的情况或问题进行必要的沟通，虚心听取对方的意见，深入查明事实真相，把审计风险控制在最低限度。

（3）就审计发现与审计对象进行确认的审计沟通，通常叫作"澄清"。

为确保审计报告的客观公正，审计人员正式提交审计报告之前，应征求被审计单位的意见与建议，同时要求被审计单位提出书面反馈意见。在经济责任审计中，审计人员还要注意征求审计对象的意见，对涉及同级管理部门的事项，可采取电话、座谈、会议等方式进行沟通，使相关部门全面了解存在问题的类型、性质、原因、审计建议，确保沟通顺利。

（4）审计报告完成后，与管理层进行的沟通，通常叫作"审计汇报"。

为推动审计成果的运用，审计人员应根据审计报告、审计决定、审计建议执行情况等，与被审计单位进行沟通，重点了解对方执行审计决定或审计建议过程中面临的困难，为不断改进审计工作、提升审计质量奠定基础。

二、审计沟通的基本类型

1. 口头沟通

口头沟通是语言沟通中的一种，与书面沟通相对，是指审计人员以口头形式与被审计单位相关人员进行沟通。

口头沟通的优点是有亲切感，双方可以用表情、语调增强沟通的效果，可以及时了解对方的反应，具有双向沟通的好处，所以一些常规性的问题通常采取这种方式沟通。审计人员常常通过询问的方式了解被审计单位的总体情况、资料准备情况等，或者通过问答了解被审计单位的真实想法和态度，同时就审计发现的问题与被审计单位充分沟通，去伪求真、达成共识。但是其缺点是通过口头沟通所获得证据的效力不高。

2. 书面沟通

书面沟通是指用书面媒介的形式与被审计单位进行沟通的一种方式。书面媒介通常包括审计通知书、审计资料索要清单、审计报告沟通稿、审计处罚通知书、各类询证函等。

书面沟通是间接的，这使得其有许多优点：相对规范；书面材料传达信息的准确性高；书面文本可以复制，可同时向多人传达相同的信息，效率高；书面材料是准确而可信的证据，法律性强，是各种审计证据中法律效力最高的。书面沟通的缺点是灵活性不强，日常性的问题往往不采取此种方式沟通。

3. 非语言沟通

非语言沟通是指语言以外的沟通形式，在审计环境下常用的非语言沟通方式包括肢体语言、表情语言。

非语言行为常常是一个人内心真实想法的外在不经意的表现，非语言沟通常常用于廉政调查中。在与受访者谈话中，审计人员的肢体语言将给受访者心理暗示；同样受访者的肢体语言常常被经验丰富的审计人员捕获，为审计提供突破口。因此巧妙的非语言沟通方式不仅可以增强双方的交流、互动，而且有利于提升沟通效果。审计人员要善于运用此种沟通方式，从对方的异常情绪、异常变化中捕捉有价值的信息，同时也要防止自己不适当的非语言行为带来的负面影响。

4. 电子沟通

电子沟通是以计算机技术与电子通信技术组合而成的信息交流技术为基础的沟通。它是随着电子信息技术的兴起而发展起来的一种沟通形式，沟通媒介包括电子邮件、QQ、微信等。

电子沟通除了具备书面沟通的某些优点外，还具有传递速度快、信息容量大、成本低和效率高等优点，因此越来越多地被审计人员用于项目组内成员的讨论、与审计对象的业务沟通、资料的索取等方面。

在实际沟通中，审计人员往往会综合运用上述沟通类型。

三、审计沟通的基本原则

在实际沟通时，审计人员应紧紧围绕审计目标，根据不同的沟通对象，结合不同的场景，在坚持基本原则的基础上，运用一定技巧和策略来达到沟通的目的。在沟通前，审计人员一定要明白沟通的原则。

1. 依法依规原则

依法依规在审计工作中分为两个层面。

一个层面是指审计人员在整个审计工作过程中都应依法依规，即遵守《中华人民共和国审计法》及其实施条例、《审计署关于内部审计工作的规定》《中华人民共和国审计准则》，以及审计人员职业道德、企业审计制度及其他相关规章制度。这一层面的依法依规包括独立性、沟通手段合法性和沟通内容保密原则。

一是审计人员在沟通过程中时刻坚持审计工作的独立性原则，遵守审计法规、企业制度，不畏权、不惧势。二是审计人员采用的沟通手段应合法，即应在法律和制度规定的职责范围内沟通，不得违反审计纪律与廉政纪律，不得采取恐吓、威胁等非法手段进行沟通。三是审计人员应对沟通的内容保密。审计工作往往涉及企业秘密，沟通中不能泄露秘密，更不能以秘密谋利，同时不能将举报人的信息和举报内容随意泄露，切实做好已发现违法违纪线索的保密工作。

另一个层面是指审计人员沟通时不仅要依法说明问题，还要依法说清问题性质及处理的原则，更要依法告知沟通对象其责任和义务，确保审计目标达成。

2. 平等互信原则

审计沟通过程中，沟通双方在法律上是平等的，都应当得到尊重，即使是违法当事人，也应得到应有的尊重。所以审计沟通过程中，沟通双方都要做到平等待人、文明沟通、和谐沟通。平等互信具体表现在以下几个方面。一是当对方开始陈述被询问事项时，审计人员要认真倾听，细心引导，不要轻易打断对方谈话，影响对方谈话思路，导致对方转移话题，影响询问效果。二是审计人员要善于引导，在沟通过程中要虚心听取对方的陈述，同时要多鼓励、启发对方，耐心引导对方，尽量让对方自由陈述，这样可以消除对方的紧张情绪或抵触情绪，把握沟通的主动权，使整个沟通朝着有利于实现审计目标的方向发展。三是审计人员要适时讲清政策，因势利导，做好思想引导工作。

3. 求同存异原则

审计人员与被审计单位的目标都是增进双方利益，但是在实际操作层面，对立的情况很难避免。审计人员在沟通时一定要坚定原则和实事求是，同时适当通过沟通减少双方的对立情绪，多站在对方的立场考虑实际情况，在合规的基础上也要切实考虑合理的情况；同时在非原则性问题上适度让步，做到求同存异，力争不偏离审计目标。

第二节
沟通前的准备

审计沟通贯穿整个审计过程，审计沟通效果对审计工作质量具有十分重要的影响。审计沟通工作讲究艺术与技巧，要做好审计沟通，必须做好事前准备。

1. 了解沟通对象

古人云："知己知彼，百战不殆。"事前准备充分的沟通方案是成功的关键，而了解沟通对象就是重要的第一步。在沟通前，审计人员应了解沟通对象的基本情况，如学历背景及职业背景、工作风格及与沟通事项有关的其他方面，有时为了沟通顺利，甚至要了解其生活和兴趣。这些都利于审计人员在访谈时与沟通对象建立融洽的关系，同时通过掌握沟通对象的特点及其对审计工作的态度，有策略地制定沟通方案，找准沟通的切入点，达到沟通的目的。

2. 明确审计沟通的目的

明确目的是做好审计沟通的基本前提。沟通的准备工作不仅包括了解被审计单位的业务环境、营运情况，还包括了解沟通对象的人格特征和行为模式等方面。对此，审计人员开展审计沟通时需要明确审计沟通的目的，在审计计划和现场工作阶段，收集证据是主要目标，建立关系应作为收集证据的一个辅助性子目标。审计人员在沟通时要有针对性，以点带面，缩短沟通时间，以便及时投入正常工作。

3. 选择适当场所

在选择访谈的场所时，访谈的目的和受访者的合作水平应作为考虑的重要因素。对于典型的收集事实的访谈，专家认为将访谈安排在一个使受访者感觉舒适的环境中是有益的。如尽可能安排在受访者的工作场所进行访问，同时审计人员也能现场观察业务过程。

如果合规审计中涉及舞弊事件，那么访谈场所可以安排在比较严肃的办公室，以及陌生的、有威慑力的办公场所，这有利于给作弊者带来心理上的压力，迫使其承认事实。审计人员应避免在当事人熟悉的环境中进行访谈，要从外部环境上给对方造成压力，同时也要注意环境的安全性，避免出现突发情况。

4. 关注沟通全过程

审计人员开展审计沟通时应关注沟通全过程。一是沟通前，根据访谈目的拟定沟通方案，明确沟通的重点、时间、范围、要求等，并在这个基础上考虑具体的问题。二是设计问题时，需要考虑心理学的因素，精心设计各问题的顺序，同时注重表达的方式和逻辑性。例如，围绕主要内容设置若干问题，根据不同对象也可以考虑设置干扰性问题；为获取更多的信息，针对某些特殊性问题可以反复提问、连续提问。三是沟通结束时，将沟通记录交由对方确认，若没有异议，应让对方当场签字；若有异议，则应认真听取对方陈述、意见，对记录进行必要的修改，再履行签字手续，作为审计证据。

第三节
进场会沟通

一、召开进场会

　　召开进场会是审计现场工作的起点，审计人员可以通过进场会与被审计单位管理层及相关人员进行正式的初步沟通。

　　召开进场会是审计项目组向被审计单位传达审计范围、审计目的及创造良好审计环境的有利途径，也是被审计单位了解审计计划、理解审计目标、表达意见的有效途径。同时，审计项目组也可以通过进场会公布举报电话与办公地点，协商被审计单位审计联系人员，要求被审计单位做出承诺。进场会的信息传递是双向的，召开进场会可以解决审计人员与被审计单位信息不对称的问题，保障现场审计顺利进行。审计人员要重视沟通技巧，发出正式的访谈预约表，提前告知对方此次交流的重点，保证沟通的有效性。

二、进场会的程序

进场会的程序如下。

（1）审计项目组向被审计单位介绍审计项目组成员及分工。

（2）审计项目组宣读审计通知。

（3）审计项目组介绍审计目的、范围、程序。

（4）审计项目组阐述此次审计关注的事项及需要被审计单位总体介绍的方面、对接人员的安排及分工。

（5）被审计单位介绍对接人员、公司（业务）整体情况。

（6）被审计单位提出对此次审计项目关注的事项，需要审计项目组解答的事项。

（7）双方讨论相关事项。

（8）宣布正式开始审计项目。

三、进场会沟通技巧

召开进场会的主要目的是双方进行初步的了解，消除审计人员与被审计单位的对立情绪。

（1）选择一个舒适的会场环境，营造轻松的氛围。审计人员要营造一种沟通者愿意说、主动讲、积极谈的轻松、和谐、融洽的氛围。例如，桌上可以适当放一些鲜花、零食，营造温馨的氛围。因为进场会沟通是双方初步熟悉彼此的过程，所以过程中也可以视情况穿插一些轻松的非正式话题，比如在正式开始前聊聊被审计单位的经营特色、当地的风土人情等，进而轻松开启正式话题。

（2）做好访谈的开场，为接下来的交流奠定基础。审计人员必须充分利用审前调查了解到的关于受访者的信息，以在开场时让受访者感到放松。审计人员要清楚地表达沟通目的，以实现有效沟通，使被审计单位能够做好充分的准备，了解自身在审计过程中需要提供的信息，并意识到自身的责任和义务。例如，在细节方面应该告知受访者谁将参与审计过程、审计项目组需要哪些文件资料、访谈的目的等。

（3）学会聆听，捕捉信息。沟通是双向的，审计人员除了表达，更重要的是学会聆听，捕捉信息。审计人员应不轻易打断对方说话，及时归纳对方的观点，从中捕捉有价值的信息，并可以通过适当的眼神交流，来暗示和鼓励对方。一旦对方感到放松，就很可能提供超出审计人员预期的信息。

第四节
与管理层沟通

日常工作中，审计人员常常需要与管理层沟通，一般有以下两种情况：一是管理层交办审计任务，二是审计人员向管理层汇报工作。管理层交办审计任务时，审计人员需要掌握沟通技巧，通过沟通明确审计方向，准确理解审计任务（目标）。向管理层汇报审计工作时，审计人员既要确保汇报及时，也要明确什么需要重点讲，什么需要省略讲。

一、审计任务（目标）的确认

审计项目的来源一般有三个，一是年度审计计划的安排，二是接到举报后的调查，三是管理层的指派。其中，管理层指派的审计项目的难度是很大的，既要讲究审计效率，又要保证审计质量，所以弄清管理层的意图至关重要。

实际工作中，管理层安排审计任务时比较模糊，很少明确指出所关注的问题，审计人员常得到类似"你们去某公司或部门审计一下"的任务。没有经验的审计人员接到任务后，可能什么都不问，直接审计，往往审计方向与管理层关注的方向并不一致，最终未能达到审计目的。

有一定经验和沟通技巧的审计人员，往往会进一步了解管理层的真实意图，有的放矢地制订审计计划。审计人员可以这样与管理层进行沟通："您期望我们在这一项目中，主要关注哪些方面的问题？"这样管理层会对其关注的方面做简单的介绍，这时审计人员再做审计方案和安排审计计划就有了重点和方向。

有丰富经验和沟通技巧的审计人员，为了了解管理层的真实意图，并取得资源和帮助，往往会采用递进式的沟通方式与管理层进行沟通。第一个问题在上文中已介绍。第二个问题："您有没有线索给我们？"这时管理层会进一步介绍其得到的消息，也许会传递一些细节。第三个问题："您说的这些方面可能涉及某些方面，能不能请某部门协同，让他们安排一些业务方面的专业人士参与审计项目？"这时管理层一般会同意相关请求，这样，审计人员在不经意间既表示了对管理层交办任务的重视，同时也争取到了一定的资源。

二、审计工作汇报

向管理层汇报审计工作是一门学问，并不是审计人员将审计报告通过邮件发送给管理层就算完成了审计工作汇报。审计工作汇报中，审计人员要掌握以下沟通技巧。

1. 注重汇报的及时性

开展审计项目要注重审计效率，抓大放小，有的问题，一旦过了汇报时效，汇报就不能引起管理层的重视。所以在执行审计计划期间，审计人员应该学会通过审计简报的形式，及时告知管理层审计项目组做了哪些工作，取得了哪些成效，需要哪些支持和配合，并争取获得管理层对审计工作的指导，保证审计工作方向是正确的。审计工作完成后，审计人员要及时向管理层汇报审计结论；同时在定期举行的管理层会议上，审计人员要努力争取将阶段性审计工作成果、发现的共性问题进行汇报，争取管理层的支持，提升审计效率。

2. 重点突出，逻辑清晰

审计工作汇报要突出重点，首先要汇报管理层关注的重点工作，所以审计人员在汇报前要想好汇报的目的和要点，将重要的内容放在前面汇报。这就要求审计人员不看审计报告，也能够准确表达出重大和重要的问题的表象、实质及影响。

审计人员在汇报工作时，逻辑要清晰，将问题的表象进行准确的表述，更重要的是说明问题表象背后的根因。比如某一问题可能由三个因素导致，这时审计人员要针对这三个因素分别提出审计建议。这样，审计人员就可以让管理层清楚了解问题的全貌，并确定审计建议的可行性。

例如，某公司某领导的离任审计，管理层关心的是：该领导在任职期间，公司财报数据是否真实准确；该领导是否恪尽职守，是否有违规违纪行为；该领导离任后是否有重大遗留问题；等等。所以，审计人员在向管理层汇报工作时首先要对该领导任职期间的工作情况做出定性描述。例如，审计发现该领导在任职期间存在重大的管理责任问题。其次，说明审计发现了哪些管理责任问题，以及遗留问题带来的风险。最后，提出如何解决问题的建议。这样重点突出、逻辑清晰的工作汇报才能引起管理层的重视。如果审计中未发现该领导的重大问题，只有不太重大的管理问题，那么汇报时做出定性描述后，就要转向阐述审计报告，避免喋喋不休，进而被管理层打断说话。

3. 注意措辞

日常沟通中，我们习惯先讲事情的来龙去脉，然后再给出结论。但审计人员在向管理层汇报工作时，需要先给出结论，让其带着问题听下一步关于细节的具体说明和论述；同时汇报中要注意措辞，少说专业术语，避免管理层难以理解。

4. 提出审计建议

审计人员向管理层汇报工作，不仅仅是汇报问题，更重要的是提出切实可行的审计建议，审计工作汇报忌讳审计建议不能落地，甚至把问题丢给管理层，让管理层去想办法解决。但是由于思维角度和高度不同，审计人员提出的建议不一定是管理层认可的，因此在审计报告定稿前的汇报中，审计人员可以就审计发现给出几种建议或方案，说明每种方案的优缺点，由管理层做决定。

第五节
审计询问

审计询问是审计工作不可或缺的重要组成部分，贯穿审计工作的全过程。实际工作中，没有一成不变的沟通方法，审计人员必须根据具体问题、具体环境、具体对象、具体事项做具体分析。同样，审计人员在合规审计中需要通过审计询问了解不合规事项发生的背景和原因，对涉及违规违纪的证据进行确认和固定，因此询问取证是合规审计沟通的重要环节。

一、常规事项的询问

审计人员可以通过询问大致了解业务流程，然后结合审计方案和工作经验就容易产生问题的方面进行详细询问；同时可以采用一些启发性、开放性的问题，引导被询问者陈述业务流程中的难点，方便审计人员后续通过穿行测试进行印证，并发现更深层次的问题。

正确的询问从正确的提问开始，好的提问涉及两个方面，一是找准问题的切入点，二是设计恰当的问题。首次沟通，以了解业务流程为目的，可以采用试探式询问，这是以试探被询问者想法、摸清其底细为目的的一种询问方法。

针对常规事项的询问，审计人员不仅要吸收别人反馈的信息，在倾听的同时学会总结，更要带着批判的眼光审视得到的信息，带着问题听。实际场景中，审计人员可通过以下问题判断信息的质量。双方对问题的认知是否存在偏差？对方为什么主动告诉自己这个问题？对方提供的信息与自己预设的结果有没有必然的因果关系？数据和时间节点是否有误？还有什么重要信息被忽略？

二、涉及敏感事项的询问

在审计沟通中可能会涉及一些敏感事项，例如，了解违规违纪问题的具体情况、了解突发事项发生的真实原因等。此类沟通是在已经掌握一定证据材料的基础上，进行深入研究分析后，再开展的一项重要沟通工作，既是对已知问题进行印证，也是围绕问题和线索，寻找新的突破口的过程。因此，审计人员要做好审计沟通前的准备工作，事先了解和分析沟通对象的性格特征、履职情况、工作特点，制定有针对性的沟通方案。审计沟通要围绕特定的目标，提问应具有针对性，直接向沟通对象提出已经掌握的某一事实、某一推测，以确定其真假。反之，审计人员也可从侧面了解相关情况，采取旁敲侧击、引而不发的谋略，了解需要明确的问题。在这一过程中，审计人员要善于分析不同问题间的关联性，对已经发现的问题，通过多维度的信息进行印证，同时要善于发现新的线索，以扩大信息来源渠道，增强对重大问题的职业判断，从而实现审计的多重目标，取得更大的突破，只有这样才能保证问题取证的完整性和审计工作的真实性。

三、舞弊访谈

舞弊访谈是审计人员已经有明确指向性证据后，进入舞弊调查程序采用的特定访谈措施，目的是固定证据、确认原因，并与当事人进行确认。舞弊访谈的事项基本都是违法违规事项，审计人员不仅要依法说明问题，还要依法说清问题的性质及依法处理的原则，更要依法告知行为人的责任和义务。所以，舞弊调查一直是审计工作的一个重点，也是一个难点；同时，在确定外围证据后，审计人员需要对审计对象进行访谈，这既是对已发现的舞弊问题进行确认，也是舞弊调查的一个突破口。由于这是审计人员与被审计人员进行正面交锋的战场，对审计人员的经验、访谈节奏的掌控、访谈方向的把握都有很高的要求，因此事前设定访谈内容和话术非常重要。

1. 访谈场地和人员很重要

舞弊访谈地点应尽可能隐蔽、安静，氛围严肃。最好安排一间专门的访谈室，室内安装监控，这既是对访谈对象的保护，也是对审计人员的保护。

访谈人员的安排也至关重要，至少2人，如果访谈对象是女性，至少要安排一名女性审计人员在场；部分重要的舞弊调查，可以考虑法务人员共同参与。在访谈前，审计人员应确定好主导人员、辅助人员和记录人员，商量好配合的节奏。审计人员应在现场布置可能需要展示的舞弊证据，如纸质文件或演示文件。

2. 录音录像需提前告知

对于录音录像，审计人员需提前告知审计对象，以防侵犯隐私导致证据被排除。

3. 做好访谈大纲和话术准备

为了达到预期效果，审计人员要准备访谈大纲，设计访谈问题的顺序、设想对方所有可能的反应和回答。一般关键问题有3~5个，可以将其穿插在无关紧要的问题中。访谈内容需要循序渐进，寻找适当的切入点适时追问。一旦审计对象露出破绽或出现前后矛盾的情况，审计人员就应抓住良机展示证据，揭露对方的谈话漏洞，给其制造巨大的心理压力，从而突破其心理防线，供述舞弊事实。

第六节
审计完成阶段沟通

审计完成阶段的沟通是必不可少的，包括审计报告征求意见、审计处理决定、审计建议等事项的沟通。为确保审计报告的客观公正，审计人员在提交正式的审计报告前应征求被审计单位的意见与建议，去伪求真，将了解不全面或有偏差的内容进行修正，并要求被审计单位提出书面意见，落实责任人、整改人和整改周期。

审计完成阶段的沟通更多应采用正式的书面沟通形式，同时也要配合面对面的沟通。审计完成阶段的沟通可以遵循"抓大放小"的原则：对涉及原则性的问题，坚决坚持审计人员独立客观的立场；对似是而非、证据不充分的问题，坚决不纳入正式审计报告；对鸡毛蒜皮的小问题，可以与被审计单位协商解决，以争取被审计单位更多的理解与支持。

书面的审计发现事项及报告草案沟通函一般应包含以下基本内容。

（1）主题。

（2）收件人，即被审计单位负责人（主送人、抄送人）。

（3）说明段，应当说明沟通函回复时间、审计发现和审计建议是否可以接受、内容是否客观。

（4）回复段，是否接受意见，并确定整改责任人及预计整改完成时间。

（5）报告附件。

第七节
审计部门（沟通）宣传

笔者多年走访各个企业审计部门，进行各类审计培训、讲解审计知识时，常常被审计同行问到：审计部门的工作要不要宣传？如果要宣传，宣传什么，向谁宣传？宣传审计工作的正面事迹，还是宣传查处的反面典型？

首先，审计部门在其他人眼中往往是内敛、低调、神秘的部门，所以宣传非常有必要。宣传的目的是让更多的人了解审计、理解审计、支持审计工作。其次，宣传的形式可以多样化，既要结合热点，宣传查处的反面典型，树立审计威信；也要积极宣传审计工作的正面形象，维护企业正能量和正文化。最后，宣传既要面向企业的管理层，因为审计工作离不开管理层的支持；也要面向被审计单位、部门领导、企业各级员工，获得大多数人的理解，使得审计理念在企业文化中生根发芽。

审计部门（沟通）宣传作为审计工作的重要内容和延伸，是审计工作联系群众、服务企业的桥梁和纽带，是优化审计执法环境的重要环节。审计宣传工作不仅是展示审计工作成果，实现上下沟通的重要桥梁和渠道，其本身也是审计监督的重要形式。要做好审计宣传工作，必须紧紧围绕监督和服务这两个中心。

监督是实现企业合规发展、加强廉政建设的关键，需要审计人员从大处着眼、小处入手，找准审计宣传工作的切入点、结合点、着力点，总结提炼审计在发挥经济监督职能过程中的经验、做法，取得审计宣传成果。审计部门要坚持实事求是的原则，讲好审计故事，传播好审计声音，让更多的人了解审计，理解审计工作。

审计工作是服务于企业发展的，因此审计宣传工作也要更新观念，提升高度，拓宽视野，突出宣传审计的咨询、增值功能。

审计部门要主动做好审计宣传策划，准确把握好宣传时机，立足实效谋发展，围绕方法做文章，用实招、使实劲、求实效。

1. 突出重点，切实加强宣传工作的针对性和时效性

一是准确把握审计宣传方向。审计宣传要结合企业最近关注的热点。例如，最近企业在推广"质量月"，在审计宣传中就可以结合"质量月"的主题，宣传"检验审计"中发现的一些共性问题。例如，在传统佳节时，抓住时效性和针对性，宣传廉政要求，提示相关业务部门不要接受外单位的宴请和礼物。二是内容针对性要强，坚持围绕中心、突出重点，做到分析全面、准确、及时、规范。例如，最近管理层关注采购管理中出现的乱象，在审计宣传中就要重点关注采购过程中的廉政问题，而不是采购成本效益问题，从而突出针对性、增强有用性、确保实效性。

2. 把握技巧，宣传正面榜样与反面典型相结合

审计部门要通过宣传报道，客观、真实、准确地反映和报告审计工作情况，将反面典型的处理结果进行公布，最大限度地增强审计监督的作用。同时也要宣传正面榜样，例如，定期将员工拒绝外单位的客情宴请和礼物的情况进行报道，将廉政工作中的一些闪光事迹进行报道，进一步提升审计的说服力、感染力和宣传力，达到激励人、引导人和带动人的目的。审计宣传工作应该要有新见解和独到的建议，对问题分析要有一定的深度和创新，对企业运营具有一定参考价值。

3. 宣传形式要多样

审计宣传工作的形式灵活多样，例如，可以通过小故事的形式进行审计宣传，

避免审计宣传较为沉闷、呆板、固化。要改变单一的事后宣传方式，多开展跟踪报道、廉政教育。例如，可以将审计宣传与新员工培训结合起来，将入职考试与廉政教育联系起来，将供应商引入与企业廉政宣传结合起来。同时要多形式、多渠道地开展审计宣传工作。例如，可以灵活运用文字、图片、视频等载体，定期或不定期地将编排好的短信、图片、视频发送到企业网站、企业微信公众号，多平台进行宣传。也可以采用演讲比赛、征文比赛、审计廉政知识竞答比赛等形式，开展有声有色的活动，吸引员工参与，形成良好宣传氛围。

审计工作与企业文化要结合起来，为企业的发展保驾护航。

第七章

审计报告的编制及汇报

审计报告是指审计人员根据审计计划对被审计单位实施必要的审计程序后，就被审计单位经营活动和内部控制的适当性、合法性和有效性出具的书面文件。审计工作的成果主要反映在审计报告中。优秀的审计报告逻辑清楚、用词准确、简明扼要、实事求是、根因明确、建议恰当且可操作，能够让报告阅读者一目了然，并为企业决策提供参考，最终体现审计价值。

第一节
审计报告的编制原则

审计报告的编制应遵循以下原则。

1. 独立客观性

《内部审计具体准则第 22 号——内部审计的独立性与客观性》规定了独立性与客观性是审计工作的基本原则之一。独立性要求审计人员在出具报告时应保持独立的姿态,从客观公正的立场出发,自由、客观地收集审计证据,依照一定的标准和原则,谨慎、合理地对审计证据进行评价,严格遵守职业道德,不屈从于来自任何方面的压力。客观性要求审计报告以事实为准绳,实事求是、不偏不倚地反映审计事项,因此审计依据、标准不明确的事项,以及模棱两可、事实不清的事项都不应该在审计报告中出现,这是审计报告的根本要求。

2. 准确性

准确性包括报告语言严谨、报告数字准确、前后数字一致等。审计实践表明,审计报告中即使只出现个别细小错误,也会影响审计的可信度,影响报告使用者对报告的认可度。因此,准确性是审计报告的基本要求。

3. 逻辑性

审计报告要前后逻辑清晰，层层递进，不存在相互矛盾的描述；报告反映的问题定性准确，对问题根因的分析透彻，因果关系成立。逻辑清晰的审计报告可以引导报告阅读者顺着审计人员的思路，清楚地了解报告要表达的主题和重点。因此，逻辑性是评价审计报告的重要标准。

4. 重要性

审计报告应该充分考虑审计风险水平和成本效益原则，突出重点，以点带面，不遗漏审计中发现的重大事项。若审计报告眉毛胡子一把抓，整篇报告的阅读性不强，会导致报告阅读者无法找到重点，无法推动改善。因此，重要性是审计报告质量评判的重要标准。

5. 方便阅读

审计报告应该充分考虑报告阅读者的阅读习惯。报告文字简洁，段落短小，条理清晰，避免冗长；语言通俗易懂，避免使用过多的专业术语或简称。

第二节
审计报告的分类

写出好的审计报告，其实是有一定技巧的，掌握这些技巧能让报告更专业、更客观。

按照审计报告结构分类，审计报告可分为摘要报告、结论报告、详细报告等，各种报告的作用不尽相同。

一、摘要报告

1. 摘要报告的作用

摘要报告是将整篇审计报告中的要点摘录下来形成的报告，基本要素包括审计目标、审计范围、审计期间和审计结论。摘要报告的具体内容包括此次审计的主要对象和范围，采用的手段和方法，得出的结果和重要的结论，有时也包括具有价值的其他重要信息。编制摘要报告的目的是方便报告阅读者了解此次审计的结果。

实际工作中，因为报告阅读者时间有限，其往往倾向于阅读摘要报告，而不会认真阅读详细的审计报告，所以摘要报告必须简洁易懂。"简洁"是指摘要报告主次分明，繁简得体，能短则短，把主要方面讲清楚即可。"易懂"是指摘要报告能让大多数人看懂，所提出的审计意见或建议具有可操作性，被审计单位一看就知道怎么做。实际工作中，由于摘要报告字数有限，重点内容是从详细报告中摘录的，缺少前后文的铺垫，因此没有相关经历的报告阅读者要理解审计发现的实质还是有一定困难的。

编制简洁易懂的摘要报告有几个技巧。第一，结论先行。问题描述做到结论先行、承上启下、层层递进。第二，使用归纳性词语。尽量多使用"以下几点""原因有""综上所述"等归纳性词语。第三，以短句为主。尽量使用短句描述问题，切不可出现一逗到底的情形。第四，适当使用数据。关键的、可量化的重要部分用数据反映更加直观，如造成的损失、影响的金额。但是，数据在精不在多，避免一句话中出现一连串的数字。第五，善用备注。摘要报告中一些关键、复杂的地方可以通过备注进行说明，方便报告阅读者直接从详细报告中了解全貌，如"详见详细报告某章节"等。第六，适当删减。多读几遍摘要报告，删除一些冗余或重复的语句或词语。

2. 摘要报告的形式

为了方便管理层阅读，审计人员常常要根据管理层的阅读习惯编制形式不同的摘要报告，常见的摘要报告形式有文字式、摘要式、表格式、PPT汇报式。各种形式无所谓优劣，只有适合不适合。笔者比较推荐表格式和PPT汇报式，在条件允许的情况下，审计人员可选择当面用PPT汇报，这样一些问题可以当面阐述和解释。

（1）文字式。采用这种形式，尽量将报告中的重点、要点、各项发现，按照逻辑、性质归纳到一起，在有限的篇幅中讲明白审计发现。

（2）摘要式。这是更加简要的一种形式，因为文字过于简要，很难阐述清楚审计报告的内容，所以采用摘要式时往往要配合当面汇报，才能将问题讲清楚。

（3）表格式。这种形式就是借助表格，按照业务逻辑和审计思路将审计的重要发现揭示出来。表格式的优点是内容逻辑性强、条理清楚，可引导报告阅读者按照业务流程还原业务中的问题，同时也方便索引。

（4）PPT汇报式。采用PPT汇报式，可以突出重点，将一些深层次的问题及时进行汇报，也可以通过当面补充让报告阅读者及时了解问题。

二、结论报告

结论报告是在摘要报告的基础上编制的、更加简洁明了的一种报告，只包含审计人员对被审计单位或事项做出的最后论断，一般以书面形式做出审计结论和处理决定。

结论报告具有很强的权威性，因此审计人员下结论要准确、无歧义，同时应事先征求被审计单位的意见。结论报告一旦正式宣布，审计人员应监督被审计单位和有关部门执行相关决定。

三、详细报告

（一）详细报告组成部分

详细报告是审计人员根据审计方案对被审计单位实施必要审计程序后，根据审计目标对被审计单位经营管理和内部控制的恰当性、合法性、合理性和有效性出具的书面文件。详细报告的内容一般包括：审计背景，即对审计的立项依据、审计目的和范围、审计期间等的说明；审计发现，即审计过程中已查明的事实，是对被审计单位经营活动和内部控制的评价等；审计建议，即针对审计发现的问题提出的处理、处罚意见或改进建议。

（二）详细报告编制原则

详细报告编制原则如下。

1. 简明扼要，不要长篇大论

审计报告不同于文学作品，不需要运用各种修辞手法，而是要一针见血，简单明了，没有歧义。审计报告既要避免过多专业术语，让文字晦涩难懂，也要避免过于口语化；要减少使用报告阅读者可能不太能理解的简称；要善于把复杂的事情用简洁的语言表述清楚，文字精练，用词准确。

2. 重点突出，不要逻辑不清

一份高质量的审计报告，重在反映情况，揭露问题，提出建议。审计人员在撰写审计报告时，首先要突出审计事项的重点，抓住问题的本质，剖析产生问题的关键原因，做到有数据、有分析、有建议，防止罗列现象。另外，审计人员还需要准确把握问题的重要程度和语句间的逻辑关系，避免主次颠倒、逻辑关系混乱等问题。

3. 客观公正，不要事实不清

事实是编制审计报告的基础，审计报告应当以审计证据为事实依据，得出客观公正的审计结论。从质量控制程序方面来看，提升报告客观性的方法有质量控制、小组复核、沟通确认、领导把关等。从具体报告编制方面来看，叙述事实时要从审计事项的时间、地点、起因、过程、结果等方面入手，揭示审计事项的本质，使分析与事实一致，结果与事实一致。从规范依据方面来看，审计报告引用法律法规要全面，应写明发文机关、文件标题、文件号及引用内容；依据企业制度做出判断时，应写准、写全制度名称，并写出与哪些点不符。

4. 不能浅尝辄止，停留于表面

审计人员要从管理者的角度看问题，审计报告的立意要有高度。很多审计报告偏重问题的陈述，立意不高，深度不够，不能透过问题现象看本质，没有揭示问题背后的深层次原因。因此，审计人员不能被表面现象迷惑，要注意发现存在的严重问题、漏洞和隐患。

审计人员可以采用五步法，层层深入探寻表象后的根因。第一步，排列出所有的问题及对应的表面证据。第二步，找出问题对应的原因，过程中多问几个为什么。第三步，跳出问题本身，站在管理者角度、审计企业角度、全集团角度思考还有哪些潜在风险。第四步，探求是否有其他原因（如舞弊）。第五步，对问题做出定性描述并下结论。

5. 做好"五不评"

受现有条件的限制，对于难以核实、不易确定的情况，或者模糊不清的问题，不要写入审计报告。编制审计报告应做到"五不评"：未涉事项不评价；事实不清不评价；超越职权不评价；工作习惯不评价；个人生活不评价（党政机关、国企干部除外）。

6. 审计建议要切实可行

审计建议是审计工作的一项重要成果，是审计人员在审计结束后，针对审计查出的问题向被审计单位提出的改进内部管理的工作建议，是审计报告的重要组成部分。审计人员在提出审计建议时，可以采用"五问法"。第一问，审计建议在实操层面是否可实施？第二问，审计建议在经济方面是否有竞争优势？第三问，审计建议在技术方面是否成熟？第四问，审计建议在效率方面是否有负面影响？第五问，审计建议从内控方面考虑能否建立有效的内控措施以防止问题重复发生？